U0116089

三玄四書系列

老子心註

——心靈與白話註解

鄭錠堅　著

老子玄通古心腸
渾然天成道中央
大道貸成總須償
朝天貸柔得還剛
知白守黑愚成方
知陽守陰弱勝強
獨行世難應不藏
道者格範慨而慷

恍兮惚兮神洋洋
頹唐悶屈儼若客
如響斯應谷音報
忙中見盲終須逸
知雄守雌退為德
知榮守辱散歸樸
流潤萬物終不竭
玄門宗風圓若缺

——〈老學行〉

三玄四書心註總序

我想去拜訪這七位「老」朋友……

　　從來沒有想過，原來自己的一生是一個讀經人生。

　　年輕時代，自詡是一個寫詩的文藝青年，怎麼可能會發展出一個讀經人生？

　　從小就鍾情小說，一直到現在，仍然沒有忘懷小說寫作，怎麼可能會發展一個讀經人生？

　　後來學奧修，學占星學，自己的氣質很新時代啊，怎麼可能會發展一個讀經人生？

　　哪怕跟兩位敬愛的老師學經書多年，不管怎麼說也沒有將自己的人生定位為一個純粹的讀經人生啊？

　　但，奇怪的是：沒有想，卻一直這麼做！從很年輕時就開始讀經，一直讀得很來勁、很爽、很有滋味、很對位、很有感覺……也許，我不只血液裡流著經書文化，我的心靈基因編碼也是屬於中國經書的吧。

　　原來，真正深刻的事情不是由於頭腦的主張，而是來自靈魂的認同。

　　三年前，機緣巧合，好幾個方面的朋友不約而同讓我講《易經》。《易經》？我沒在怕，我《易經》的根底還算打得紮實，讀了許多年，一直在大學講授「易經與人生」。結果三年間，一講就講了三遍，講出了完整度更高的心得。講完《易經》，他們又要我講《老子》？老實說，當時我的心裡有點猶豫。《老子》講過一次，只有一次，而且是二十幾年前在某大學的中文系，之後就沒有教過這部經書了。雖然自覺跟老子的緣份很深，也寫過一部搞笑版的老子，但怎麼說也是很多年沒進行正式教學了。沒想

到，這一次重讀與執教，讓我很深很深的跳進了老子的世界，無我者的世界！深深跳進了「無」之風眼，觸發了「玄」的律動！這讓我生出了，信心！也許可以……

年輕時代，易、老、孔、莊、學、庸……都有涉獵，這是「幼功」，經歷三十幾年的人生磨洗，到了耳順之年，發現，可以「收功」了嗎？赫然發現，心耳聽見了經書的古老呼喚！

原來，經書與許多深厚的生命學問一樣，不是用頭腦去讀的，甚至不只是用心去讀的，而是憑藉人生閱歷去與經書對話的。

原來，經書不是要講死道理，經書就在討論你、我活生生實打實的人生。

原來，當人長大了、成熟了、心對了，讀經書就會讀得順理成章、游刃中節。

原來，讀經是一種歷「煉」——煉心、煉氣、煉個性、煉內在、煉氣度、煉胸襟、煉清淨、煉仁慈、煉有為、煉無為、煉本心、煉人生……

原來，讀經不只是讀經，讀經正是一個修煉心性的古老途徑。

於是，心裡油然升起了一個計畫：關於「三玄四書」的計畫。

在有生之年，誠心正意的與這七部老書，對話一遍。

《周易》用象，包羅萬象。

《老子》講道，無中生道。

《莊子》說故事，寓言裡有著宗師帝王，渾沌逍遙。

這是三玄。四書呢？

《論語》情話深深。

《孟子》說理迫人。

學、庸建立兩個文化架構。

《大學》的架構由小而大。

《中庸》的架構由天而人。

　　這個讀經計畫需要多久呢？十年吧？七十之前，好好跟這七位老朋友打交道，這一生，就夠「本」了。《論語》說：「君子務本，本立而道生……」

　　這就是我的「三玄四書」的讀經計畫。

　　但，來自老子的提醒：訂好計畫，接著呢，就把計畫，忘了吧。原來計畫是用來忘卻與打破的，忘記忘卻計畫，計畫反而會成為一種障礙，計畫不需要一直揹著，將生命的能量還歸志趣與熱情，因為志趣與熱情比計畫靠譜、自然與真實。人生需要鵬飛鴻圖，更需要無為忘機，事實上，生命的真相就是一個當下一個當下的覺知與行動。孔老夫子所說的發憤忘食——興奮到，忘記吃飯了，是為了當下的行動，是為了志趣與熱情，而不是為了計畫。計畫嘛，想過就好了，管它的，人生的事兒，本來就難說得緊。再者，計畫像果實，果實的成熟需要火候與時間，多想是不會有幫助的，等成熟的那一天到了，就自然落果了。

二〇二〇年一月一日

自序
天道為弓身作矢

一　神祕的因緣

生平三度認真的讀《老子》，每一次都激活了特殊、深刻的連結。

第一次讀《老子》在三十出頭，這一次激活了一個，異夢，一個很清楚的清明夢。在夢中到了一處神祕古廟，古廟中，一尊老子壁畫活過來交付給我一卷古卷，在夢中努力閱讀，但醒來後一句話都記不得。第二次閱讀是在二十幾年後，約五十五歲，這一次的能量激活讓我在很短的時間內（約三個月），有點類似在進入出神狀態下，寫好了第一本老學著作《老子與我》，這是一本遊戲筆墨，但寫作此書的心境是日後的人生都無法複製的。第三次認真閱讀《老子》是在六十歲時，因為要在民間書院講學的因緣，這一次讀得最深邃與精細，同時激活了兩部書——我赫然在過年前的時光突然寫起了古典詩！詩筆不能自休，大概是生命深處某個部分被老子的能量喚醒了，這些詩作希望發表在兩、三年後的《懸劍詩稿》；另一部被激活的著作就是這本《老子心註——心靈與白話註解》了。

也許，與老子老師真的有著某種神祕的夙緣，甚深能量的連結，活化了生命核心一些塵封的記憶與修為。

二　核心觀念

關於老子思想的核心觀念，從學術定位來說：

道是本體論。

德是成長論。

無或無為是功夫論。

玄是本體論與功夫論的「對話」。

詭辭是人生哲學。

　更詳細一點的說：

一、本書談「道」，牽涉到我提出的「人性四元論」。

二、道是天上的德，德是人間的道；道是德的根源，德是道的展現。而「德」的相對是「僵化」，《老子》一書也談了很多關於僵化的問題。

三、遇到人生的種種僵化、執著，就要用「無」的功夫去清取、取消，所以「無」或「無為」是老子的中心思想。

四、無有相生謂之玄。從無到有，從有歸無，這內外天人不絕的圈形功夫「玄」，是老子更深層的中心思想──無⇔有⇨玄。

五、從無的心靈到有的行動，就落入一個更複雜的人間世了，老子就用「詭辭」或「正言若反」來描繪這個世界，所以詭辭所談的，就是一個複雜的人生哲學。

　這就是老學中幾個貫串全書的核心觀念：道（人性四元論）、德（僵化）、無（無為）、有（無不為）、玄、詭辭。

　至於其他的老學概念，本書有註解、整理成：生命修煉四原則、收降四句話、水的哲學、出入無有六句訣、抽空自我法、恍惚之道、與道的五層關係、陰陽哲學、反戰與慎戰思想、小國政治學、以道治國、無為治國、柔弱哲學、嬰兒哲學、母親哲學、「一」的狀態、創生說、知識學習與真理學習的關係、下智慧、不爭智慧、老子三寶、老子三道……等等。

　　我常說：孔學繼承《易經》乾卦的精神，老學開發《易經》坤卦的精神。《老子》八十一章，將坤道展開成一個既豐富又清淨的玄世界。

三　疫中完稿與心註特色

　　上文提到筆者與老子的甚深連結，而最後一個連結的果實便是這本《老子心註──心靈與白話註解》，這個最後的果實，卻是在疫情之中基本完稿的。

　　二〇二一年的五月，本來相當穩定的臺灣疫情突然爆成嚴峻的局面，全國三級防疫，幾近封城。在這段日子裡，課暫停了，球沒得打了，工作變得單純了，就是全力編書與寫作。這本《心註》，就是在這種疑懼不安的氣氛中完稿的。疫中讀《老子》，在世疫時危的破碎人生中修煉一個無為不爭的清淨世界，也許頗具玄旨吧。

　　關於本書的內容，包括：

　　一篇老學的導讀（介紹老子的背景、精神與特點）；

　　八十一章的註解（本書主要構件）；

　　白話附文（共十五篇）；

　　佳句（約六十六則），與

　　教學紀錄（共十篇）。

　　其實筆者最想寫出的，是一本擁有兩個特點的老子註解，就是：「白話易懂」與「修行觀點」的老子。是為序。

二〇二一年五月二十七日

目次

三玄四書心註總序　我想去拜訪這七位「老」朋友⋯⋯⋯⋯⋯⋯⋯⋯⋯ I

自序　天道為弓身作矢⋯⋯⋯⋯⋯⋯⋯⋯⋯⋯⋯⋯⋯⋯⋯⋯⋯ I

導論　老子⋯⋯⋯⋯⋯⋯⋯⋯⋯⋯⋯⋯⋯⋯⋯⋯⋯⋯⋯⋯⋯ 1

第一章　玄門說道⋯⋯⋯⋯⋯⋯⋯⋯⋯⋯⋯⋯⋯⋯⋯⋯ 7

第二章　僵化與無為⋯⋯⋯⋯⋯⋯⋯⋯⋯⋯⋯⋯⋯⋯ 13

　　附文　關於僵化⋯⋯⋯⋯⋯⋯⋯⋯⋯⋯⋯⋯⋯ 16

第三章　為無為與修煉四原則⋯⋯⋯⋯⋯⋯⋯⋯⋯⋯ 17

第四章　以無入道與收降四句話⋯⋯⋯⋯⋯⋯⋯⋯⋯ 19

第五章　無為自性⋯⋯⋯⋯⋯⋯⋯⋯⋯⋯⋯⋯⋯⋯⋯ 21

第六章　谷神與玄門⋯⋯⋯⋯⋯⋯⋯⋯⋯⋯⋯⋯⋯⋯ 24

第七章　無私之效——輸小贏大法⋯⋯⋯⋯⋯⋯⋯⋯ 26

第八章　水的哲學，善與不爭⋯⋯⋯⋯⋯⋯⋯⋯⋯⋯ 27

第九章　無為的人間應用⋯⋯⋯⋯⋯⋯⋯⋯⋯⋯⋯⋯ 29

第十章　出入無有六句訣⋯⋯⋯⋯⋯⋯⋯⋯⋯⋯⋯⋯ 30

第十一章　以無為用⋯⋯⋯⋯⋯⋯⋯⋯⋯⋯⋯⋯⋯⋯ 36

第十二章　生活簡單化⋯⋯⋯⋯⋯⋯⋯⋯⋯⋯⋯⋯⋯ 37

第十三章　抽空自我的根本大法 ················· 39

第十四章　玄德、禪境與恍惚之道 ············· 42

　附文一　噢！古奧 ····························· 45

　附文二　微調與恍惚 ··························· 47

第十五章　有道者的氣象 ······················· 48

第十六章　談覺體 ······························· 51

第十七章　與道的五層關係 ····················· 53

第十八章　打破符號世界（一） ················· 55

第十九章　打破符號世界（二） ················· 57

第二十章　道性與頭腦性兩種生命狀態 ········· 59

第二十一章　從恍惚到萬象 ····················· 63

第二十二章　六個關鍵字 ······················· 64

第二十三章　有道者的四種狀態 ················· 67

第二十四章　自我是真理的餿水桶與死胖子 ····· 69

第二十五章　道的模樣 ························· 71

第二十六章　身心輕重 ························· 73

第二十七章　有道者的行止 ··················· 74

第二十八章　Enjoy 光明，學習陰影 ··········· 76

第二十九章　不可為與聖人三去 ··············· 79

　附文　存在安排的每一個當下必然是最深刻而完整的！ ··· 80

第三十章　反戰思想 ··························· 81

第三十一章　慎戰思想 ⋯⋯⋯⋯⋯⋯⋯⋯⋯⋯⋯⋯⋯⋯⋯⋯⋯ 83

第三十二章　以道治國 ⋯⋯⋯⋯⋯⋯⋯⋯⋯⋯⋯⋯⋯⋯⋯⋯⋯ 84
　　附文　國難日讀《老子》 ⋯⋯⋯⋯⋯⋯⋯⋯⋯⋯⋯⋯⋯⋯ 87

第三十三章　有道者的生命方向 ⋯⋯⋯⋯⋯⋯⋯⋯⋯⋯⋯⋯⋯ 89

第三十四章　大道與聖人 ⋯⋯⋯⋯⋯⋯⋯⋯⋯⋯⋯⋯⋯⋯⋯⋯ 92
　　附文　偉大浩瀚的存在常常是沒有固定的形式的 ⋯⋯⋯⋯ 94

第三十五章　道的影響與滋味 ⋯⋯⋯⋯⋯⋯⋯⋯⋯⋯⋯⋯⋯⋯ 97

第三十六章　陰陽之道與柔弱之道 ⋯⋯⋯⋯⋯⋯⋯⋯⋯⋯⋯⋯ 100

第三十七章　無為與自性的因果關係 ⋯⋯⋯⋯⋯⋯⋯⋯⋯⋯⋯ 104

第三十八章　無為之道／失德人間 ⋯⋯⋯⋯⋯⋯⋯⋯⋯⋯⋯⋯ 106

第三十九章　從「一」出發 ⋯⋯⋯⋯⋯⋯⋯⋯⋯⋯⋯⋯⋯⋯⋯ 110

第四十章　道之機、道之用、道之源 ⋯⋯⋯⋯⋯⋯⋯⋯⋯⋯⋯ 112

第四十一章　詭辭的世界 ⋯⋯⋯⋯⋯⋯⋯⋯⋯⋯⋯⋯⋯⋯⋯⋯ 114
　　附文　老子說的借貸大戶！ ⋯⋯⋯⋯⋯⋯⋯⋯⋯⋯⋯⋯⋯ 119

第四十二章　老子創生說 ⋯⋯⋯⋯⋯⋯⋯⋯⋯⋯⋯⋯⋯⋯⋯⋯ 120

第四十三章　無為的力量 ⋯⋯⋯⋯⋯⋯⋯⋯⋯⋯⋯⋯⋯⋯⋯⋯ 122

第四十四章　什麼東西是人生中真正重要的？ ⋯⋯⋯⋯⋯⋯⋯ 123
　　附文　甚愛必大費！ ⋯⋯⋯⋯⋯⋯⋯⋯⋯⋯⋯⋯⋯⋯⋯⋯ 125

第四十五章　清靜為天下正，無為而生大用 ⋯⋯⋯⋯⋯⋯⋯⋯ 126

第四十六章　欲望是最大的災難 ⋯⋯⋯⋯⋯⋯⋯⋯⋯⋯⋯⋯⋯ 128

第四十七章　看得見看不見的關鍵？ ⋯⋯⋯⋯⋯⋯⋯⋯⋯⋯⋯ 129

第四十八章　無為而無不為 ……………………………………… 130

第四十九章　一體性的導引 ……………………………………… 133

第五十章　死亡哲學 ……………………………………………… 134

第五十一章　事物完成的四個元素——道德物勢 ……………… 136

第五十二章　母親哲學的深層意義 ……………………………… 138
　　附文　老子哲學的顧好媽媽，管好兒子 …………………… 141

第五十三章　道不可行 …………………………………………… 143
　　附文　老子的兩個小心 ……………………………………… 144

第五十四章　德業論衡 …………………………………………… 145

第五十五章　不被傷害的力量 …………………………………… 148
　　附文　善良是不會被傷害的 ………………………………… 149

第五十六章　言與道 ……………………………………………… 152
　　附文　噓！請聽，大化的聲音
　　　　　——鎮華老師離世的密意探索，一個儒門公案？ … 154

第五十七章　無為治國 …………………………………………… 157

第五十八章　陰陽相合 …………………………………………… 159

第五十九章　老子式的內聖外王 ………………………………… 162

第六十章　無為之治與三種傷人者 ……………………………… 164

第六十一章　下智慧 ……………………………………………… 166

第六十二章　人離不開道 ………………………………………… 167

第六十三章　無為的詭辭功夫 …………………………………… 169
　　附文　人間無味是清歡 ……………………………………… 172

第六十四章　無為、第一念、第二念 …………………………… 173

第六十五章　以愚治國 …………………………………………… 175
　　附文　生命的三種選擇——智、愚與玄 ……………………… 176

第六十六章　下智慧（二）……………………………………… 178

第六十七章　大道無形、老子三寶與慈母哲學 ……………… 179

第六十八章　不爭之爭／爭戰哲學 …………………………… 181

第六十九章　用兵的仁心與無為 ……………………………… 182

第七十章　道的簡易性、深刻性 …………………………… 184
　　附文　披褐懷玉、賣衣買刀與盛服懷刀 ………………… 186

第七十一章　頭腦與疾病 ……………………………………… 187

第七十二章　民間英雄 ………………………………………… 189

第七十三章　兩種態度——勇於敢與勇於不敢 ……………… 190

第七十四章　邢殺有嚴重的副作用 …………………………… 192

第七十五章　關於生存動力的討論 …………………………… 193

第七十六章　柔弱勝剛強 ……………………………………… 195

第七十七章　老子三道 ………………………………………… 196

第七十八章　水的智慧 ………………………………………… 198

第七十九章　不望報之心 ……………………………………… 199

第八十章　小國政治 ………………………………………… 200

第八十一章　最後的提醒
　　　　　　——不言、不積德、天之道、聖人之道 ………… 202

後記
一　曾經，老子恍惚這樣說⋯⋯⋯⋯⋯⋯⋯⋯⋯⋯⋯⋯⋯205
二　問學南北道玄門⋯⋯⋯⋯⋯⋯⋯⋯⋯⋯⋯⋯⋯⋯⋯⋯215

導論

老子

從周文到孔老的歷史背景

一

商	周
巫術文明／殷人尚鬼／原始宗教	理性文明／人文主義抬頭／改事鬼為祭祖
政教合一的國家型態	宗教的真理化、人文化

新的遊戲規則就是「周禮」

例如：朝覲之禮—合理的分配資源

　　　聘問之禮—合理的血緣聯結

　　　征伐之禮—合理的戰爭遊戲

所以商周之間的戰爭其實是兩種文化、兩種意識形態的戰爭。

商朝的宗教勢力很大，而《周易》正是周人的思想戰力——尚德革命論。

從商到周就是從宗教主義進入人文理性的時代。

所謂周「文」、周「禮」或禮樂的三大法寶：

1. 封建　2. 宗法——政治血緣化及德化　3. 井田——財產合理分配

但五百年後，周禮還是遇上任何一種制度必然會遇上的課題：

禮　→　僵化／空洞化的必然命運

開啟了禮壞樂崩、傳統解體、春秋戰國的大反思時代。
（新文明史觀：堯舜　　　黃金時代的王
　　　　　　　文武周公　白銀時代的王
　　　　　　　孔老　　　青銅時代的聖
　　　　　　　我們　　　黑鐵時代的亂世中人）

二

孔老代表的正是兩種相反卻互補的反思方向，關鍵字是仁與無：

孔	老
【仁】	【無】
人性根源	取消僵化
周禮逐漸欠缺人性根源，加上禮不下庶人。	打破僵化、捅破國王新衣，老子稱為棄絕聖智仁義。
透過仁點鐵成金	透過無清熱散毒
格至誠正修齊治平	個人→天道
1-100／正論	只談 0，其他交給儒家／補論
加法／復／有為	減法／剝／無為
慈性原則	清淨原則
例如：一場生命的溝通	例如：溝通之後的船過無痕

三

這就是孔老合一的含義：

（1）執著是不分對象的──

　　人間的執著＋修行的執著、

　　偏有＋偏空、

　　世法的陷泥＋小乘的危機、

　　執著＋執著「不執著」→

（2）孔老合一的含義就是──

　　不落空有二邊、中道、空有＋空空、不執著＋不執著「不執著」、積極而不執著、充實後的脫困、慈性原則與清淨原則合一。

　　李澤厚稱為：儒道合流一直是中國文化的一條重要線索。

老子生平

　　見《史記・老子列傳》白話超譯。（參拙著：《老子與我：搞笑版老子教你生命哲學》〔臺北：秀威資訊科技公司，2017 年 3 月〕，頁 159）

老學的特點

一　冷睿的智者

　　對老子的最佳形容──冷睿。

　　《易經》用象、《莊子》用寓言、《老子》則是靜靜酷酷的在說道理。

　　睿字有點可怕：古文睿，小篆叡──死人骨頭。

《說文解字》:「深明也。从刀,从目,从谷省。」

都是殘骨之形+刀指的是頭骨+再加上目──「深」明之義。

二　善談道

談道仍是以德為基礎。

道德經──從「真理」到「人生心得」的「經常之道」。

德道經──從「人生心得」發現、體悟「真理」的「經常之道」。

三　重德、善談「正言若反」與老學的誤用

無為而無不為──才是老學的全部。

無為　：見道／內聖。

無不為：入德／外王。

一般對老子的誤解:1. 隱者,2. 陰謀家。

原因可能有二:1. 談道多,說德少,誤會不重視人生經驗。

　　　　　　　2. 很厲害的辯證法──正言若反,誤會搞陰謀。

（有所謂一枝四葉之說:兵家／孫武+法家／韓非+道家／莊周+謀家／張良。）

四　人為（偽）與無為

偽：扭曲自然。

無為：修法、功夫。

無、無為、無欲、無名、無事……老學的一大特色。

五　儒道一至

儒道不宜二分，儒道事實上是不二的一體。至少在孔老的時代。

老、道傾向消極的消解（0）。

孔、儒傾向積極的建立（1-100）。

但，孔有「不慍」、「毋意必固我」；老也有「重積德」、「勤而行之」。

而且對「德、實踐、聖人、禮、治國……」孔老的態度相當一至。

在兩位老人家的道境裡，是同時了知清淨相與人間相的，只是偏重不同，徒留兩端的誤會而已。

就像老子的無為而「無不為」，孔子的「無可」無不可。

老子很儒家的，孔子的心靈也很道家。

說「互補」已經是第二層，從《周易》下開孔老，根本是一家子、師兄弟的概念，並未「道術為天下裂」。分家分派，過度使用理性分析，為我輩學術工作者戒。

第一章

玄門說道

　　道可道，非常道，名可名，非常名。

　　無名，天地之始，有名，萬物之母。故常無，欲以觀其妙，常有，欲以觀其徼。

　　此兩者同，出而異名，同謂之玄。玄之又玄，眾妙之門。

・憨山註：「此章總言道之體用，及入道功夫也。老氏之學，盡在於此。
　其五千餘言，所敷演者，唯演此一章而已。」
・《周易》首二卦談人生的真理面與人間面。
　《論語》首章談人生。
　《老子》首章說真理。
　《孟子》首章討論人生抉擇（義利之辨）。
　《莊子》首章描述真理旅行（北鯤南鵬）。

第一節　真理的不可說明性，生命的無法窮盡性

・道：1.終極真理。2.人間通道。──天人兩面。
・道：言說。
・名：生命，真我。
・名：概念。
・常：1.恆常。2.尋常。
真理的兩個特性──極高明而道中庸。（也是天人兩面。）

‧常道就是覺體、佛性、太極、乾元、良知……

‧常名接近《懸劍集》人性四元論裡的第四元：

人性是一場由動物到上帝的奇幻之旅──

（一）物性／即動物性／野性我

正面論述：野性是靈性火種。

反面論述：對待動物性最笨的方法是打壓與否定。

（主要包括性與原始生命力。占星學的火星。）

（二）群性／即社會性／假我

主要論述：整個人為環境共同打造的假我。

（群性我是一個「符號的世界」，用無數的符號替代了生命，所以老子說「名可名，非常名」──生命用符號替代，就不是正常真實的生命本身了。在這樣的一個世界中，最麻煩的是很容易讓人產生「認定」或「認同」，將種種符號認同成自己，有一件糟糕的事情就因此發生了，這件事情就是：自我。奧修稱這種種的認定或認同為「頭腦作用」，事實上，頭腦作用、自我、我執，常常是同義詞的關係。）

（三）個性／即獨特性／個性我

正面論述：個性的本來作用其實是通向神性之橋。

反面論述：個性常常在群性打壓的底層暗自啜泣。

（如果獨特性沒被打壓，就是所謂的天命、天賦、個性、潛能，得到充分發揮，常常就是通向更深刻的東西的 bridge。）

（四）神性／即佛性、覺知／真我

主要論述：中心運作得好，外圍才可以美好的連線與運作。

（至於人性中的神性如何運作，則是另一個專門的論述了。）

這就是人性四元論。

人性裡面有一部分跟所有動物是一樣的，這是物性。這是燃料。

人性裡面有一部分跟一部分人是一樣的，這是群性。這是工具。

人性裡面有一部分跟所有人都不一樣的，這是個性。這是通道。

人性裡面有一部分跟所有人都是一樣的，這是神性。這是主題。

・真理拿來概念化，就不是真理本身。

生命具體獨特又同人于野，生命是說不完的。一朵花、一條河、一個愛人、一位有德者、一座森林……

鎮華師說：研究儒家的學術會議上都在用專門的術語與概念，孔子到了現場也聽不懂。使用有溫度的語言，是一種對對方的敬重。

任何的理論都是掛一漏萬、顧此失彼的。

真正懂得真理、生命的人，常常是不講話的——天何言哉，言語道斷。言語往往不能傳達最高與最深的消息。

・老子：道可道，非常道。

《金剛經》：無有定法，名阿耨多羅三藐三菩提。

泰戈爾：在缸裡的水是透明的，在海中的水卻黝黑。

微小的真理有清晰的言詞，偉大的真理卻只有偉大的沉默。

・第一節的三個重點：

1. 真理的不可說明性，生命的無法窮盡性。

2. 道／真理與名／生命其實是天人的一體兩面。

真理是生命的終極版，生命是真理的人間版。

3. 真理與生命至少有兩個層次——本體與概念。

世界上有兩種知識，一種是沉默的，一種是系統的。

第二節　無中生有，無裡生覺，由虛入道

・無名，天地之始：

　　這裡的名比較指人性四元論裡的第二元。

　　把群性我無掉，天地萬物從「覺」性開始。

　　這一句開始講無中生有。

・有名，萬物之母：

　　這裡的名比較指人性四元論裡的第四元。

　　神性我生出人間萬有。

・無：這個老子的關鍵字的意思指取消、刪除、蒸發、delete、鍵出、破除……

　　道家的無、無為基本上是作動詞用。

　　牟宗三稱為「作用層的形而上學」。

・妙：神性我或覺知的神準妙用。

　　蘇東坡：「無窮出清新。」妙就是清新的生命，「妙」字說得好！

・徼：1. 邊際。2. 循跡。——判斷分類，尋找線索，探索端倪。

・憨山註：「徼，猶邊際也。意謂全虛無之道體，既全成了有名之萬物，
　　是則物物皆道之全體所在。正所謂一物一太極，是則只在日用月前，事
　　事物物之上，就要見道之實際，所遇無往而非道之所在。故莊子曰：道
　　在稊稗，道在屎尿。」（稊稗，像穀物的草。）

　　無中生有，有生萬物，萬物有道。

第三節　有無相生謂之玄

・此兩者同：有無混同。

・出而異名：玄出無有，太極生兩儀。

　　每一次生命的移動最後、最好都回到「自我」的剝除與歸元吧。

‧玄：

　　蘇轍：「凡遠而無所至極者，其色必玄，故老子常以玄寄極也。」

　　范應元：「玄者，深遠而不可分別之義。」

‧玄之又玄：人生不是直線，生命是一場接一場不停歇的圓形之旅。

‧下面是「無覺在行」的四字心訣：

　　四句很重要的口訣：

　　　　無中生覺

　　　　覺在當下

　　　　當下隨行

　　　　事了還無

　　　　「無」就是，寒鴉過盡天高朗。

　　　　「覺」就是，天宇晴明日在中。

　　　　「在」就是，萬古雲霄一羽毛。

　　　　「行」就是，徒御不驚一矢破。

　　　　……隨即，塵緣廓盡破還無。

　　　　「無」就是損疾遄有喜。

　　　　「覺」就是井冽寒潭碧。

　　　　「在」就是同人在大野。

　　　　「行」就是素履往无咎。

　　牟宗三的「有無相混謂之玄」有實修作用：

　　　　無⇨　　有　　⇨無⇨……──玄

　　　　無⇨　覺在行　⇨無⇨……──玄

‧玄之又玄（章一）：不停止之義。

　玄牝（章六）：牝是母馬，「生」義與「行」義。

　玄覽（章十）：「觀」義。

　玄通（章十五）：人生通路的意思。

　玄德（章五十一）：玄的學問，玄的智慧。

　　　例如：劉「備」，字玄德。備就是完整、完備。

　玄同（章五十六）：有、無的一體性。

第二章
僵化與無為

天下皆知美之為美，斯惡已；皆知善之為善，斯不善已。

故有無相生，難易相成，長短相形，高下相傾，音聲相和，前後相隨。

是以聖人處無為之事，行不言之教。

萬物作焉而不辭，生而不有，為而不恃，功成而弗居。夫唯弗居，是以不去。

第一節　講僵化

・美：這裡的美與惡相對，是善的意思，美善，就是「好」。

・好事一定是自然發生的，刻意做不出來好事。

　　無心就是真正的自然。

　　但發生好事，開始執著這才是好事，有一件壞事就會發生了：僵化。

　　記住！無為自然是美好 1.0，執著僵化是災難 1.0。

　　事實上，不管好事、壞事，都會發生認同→執著→僵化→被過去一直一直抓住→更可怕的是用這個被抓住的經驗去一直一直壓制、捆綁、抓住他人！

・例子太多了：

　　第一個做好事的是善人，第二個模仿同樣行為的就是偽善。

　　第一個讓梨的是孔融，讓梨成了習慣頂多是規矩。

　　第一次說我愛你是情不自禁，說多了就變成交差。

　　道德本來是活活潑潑的，但道德一僵化成規範、教條，就是禮教吃人了。

第二節　說陰陽

‧執陰執陽，僵化就落到一邊去了。

‧上一節提到的「僵化」問題怎麼解決？

　答案是：讓僵化繼續僵化到沸點！然後，僵化會發生「跳躍」。

‧有無：兩種途徑。

　難易：兩種風格。

　長短：兩種學習。

　高下：人生順逆。

　音聲：道術主從。

　前後：積極消極。

　譬如：理性與感性、性善與性惡、人文與科學、理想與現實、行動與理論、經驗與學問、美感與實用……

‧下面是引用自拙著《懸劍集》的「N 形實修模型」：

　英文大寫 N 字的一直線＋一斜線＋一直線，筆順從下而上＋從上而下＋從下而上，其實就是陰陽能量的跳躍、穿透與升階。模型如下：

　　1. 當一個極端發展到飽和、極至。

　　2. 會自行（或透過一個契機的觸動）發生跳躍。

　　3. 進一步穿透並推動另一個極端。

　　4. 當另一個極端持續成長到飽和、極至。

　　5. 就會帶動整個系統升階至更高層級的系統。

這就是「一陰一陽之謂道」的真正意思──出現能量提升的「通道」。

第三節　減法與身教

· 減去內在的障礙物與減去教學上許多不必要的邊邊角角。
· 清掃慾望與做好自己。

第四節　論無慾

· 萬物作焉而不辭：作，運作。
　老天爺沒有慾望，所以不累，不需要推辭任何事。
　會軟弱，一定是內心有慾望。
· 生而不有：父母生養子女，不是佔有孩子。
　要求回報或服從──市恩。一要求，就否定了愛。
· 為而不恃：做事不是為了居功。
· 李白〈俠客行〉：「事了拂衣去，深藏身與名。」
　莊子：「神人無功。」
　《金剛經》：「不可思量無住相布施。」
· 無慾的行動，清淨的行動；
　清淨的行動，無礙的行動；
　無礙的行動，自由的行動；
　自由的行動，靈活的行動；
　靈活的行動，高效的行動。

· 其實整章第二章都是在討論「僵化」的問題。
　第一節：出現僵化。　　　　　　第二節：跳出僵化。
　第三節：跳出僵化之後的風度。　第四節：跳出僵化之後的行動。

附文

關於僵化

發生好事，開始執著這才是好事，有一件不好的事就會發生了，這件不好的事就是：僵化。

記住！無為自然是美好事情 1.0，執著僵化是人生災難 1.0。
也就是說，美好從放手開始，災難從抓緊開始。

事實上，有所謂「僵化五部曲」，不管好事、壞事，都會發生：

認同→　　　　執著→　　　　僵化→　　　　被過去一直一直抓住→
更可怕的是用這個被抓住的經驗一直一直去壓制、捆綁、抓住他人！

僵化會讓生命落到一邊去。
「僵化」的問題怎麼解決？
答案是：讓僵化繼續僵化，到沸點！
然後，僵化會發生「跳躍」。
就是所謂的「陰陽能量 N 形實修模型」。
跳出僵化！

事實上，很多生命痛苦的源頭，就只是在對美好經驗的一念執著──我忘不了你的好，我依賴你的溫柔，我無法忘記那個美好的學習，我無法逃離那第一次的相信，我忘不掉那次成功的豐收⋯⋯稍一滑失，一息偷安，成了執念，然後越來越擴張，即從此自縛在僵化的心牢之中。

第三章
為無為與修煉四原則

　　不尚賢，使民不爭；不貴難得之貨，使民不為盜；不見可欲，使民心不亂。

　　是以聖人之治，虛其心、實其腹、弱其志、強其骨。

　　常使民無知無欲，使夫智者不敢為也。為無為，則無不治。

第一節　取消群性我

- 其實第一節的三個項目就是在講「人性四元論」中的第二元——群性我或假我的問題。

- 不尚賢，使民不爭：

　憨山註：「蓋尚賢，好名也。名，爭之端也。」

　尚，強調，看重。

- 不貴難得之貨，使民不為盜：政府經濟取向，民間金錢遊戲。

- 不見可欲，使民心不亂：慾望、意志、企圖心、很想完成的事情，會亂心。

- 賢是名氣的社會機制。被看重是真我嗎？

　貨是金錢的社會機制。賺大錢是真我嗎？

　欲是目標的社會機制。企圖心是真我嗎？

　但在群性我中，人常常往自己身上堆疊了一堆會壓垮人的假我。

第二節　聖人之治→生命修煉四原則

- 虛心：領導者的心虛了，才能感物、受物→一體性。
  所謂器虛物注。
- 實腹：讓老百姓吃飽是很重要的→飲食之道。
- 弱志：
  1. 志向可能是慾望的延伸。
  2. 志向可能製造執著。
  3. 志向的主導性越強，距離志向的達成越遠。
     所以弱志不僅僅是一種內在修為，也是一種邁向目標的高效方法。
  （參拙著：《老子與我：搞笑版老子教你生命哲學》，頁 16）
- 強骨：回歸大自然的勞動→身體工作。
- 虛心，靈性工作；
  實腹，食物工作；
  弱志，心性工作；
  強骨，身體工作。

第三節　為無為

- 這是這一章的關鍵字──為無為。
  「為」就是做，「無為」指內在障礙的減損。
  「為無為」，做自然，行清淨，修減法。
  道家學問就是「為無為」。

第四章
以無入道與收降四句話

道沖而用之，或不盈。淵兮似萬物之宗。
挫其銳、解其紛、和其光、同其塵。
湛兮似或存。吾不知誰之子，象帝之先。

第一節　以無入道

· 沖，一說「盅」的假借字。《說文解字》：「盅，器虛也。」
　器虛物注。所以沖有：1. 虛之義。2. 能容物。
· 道沖而用之：真理這個東西，以沖虛為用。
· 不盈：不滿，不窮，不盡。
　不盈是功夫，也是效應。
· 淵深能容，為萬物歸宗。
　另一個虛無之道的比喻。
· 老子其實沒有講錯：「虛無」永遠是真實人生 1.0。2.0，就是道。

第二節　收斂鋒芒與降低標準四句話

· 挫銳解紛講收斂鋒芒，人事上的。
　和光同塵講降低標準，能量上的。
· 挫銳解紛：
　挫銳——真理不是拿來欺負人的，理性、知識常常是。
　　　　磨掉自己的稜角。收斂英氣。

霸道永遠是小氣的反映。

解紛──心靈與愛不會製造糾紛，學術、意識形態經常會。

　　　　放下固執的定見。取消頭腦。

　　　　沒有必要將他人推到對立面，最低效的溝通態度。

解法──「用晦而明」（易傳）、「弱者道之用」（老子）、

　　　　「雖愚必明，雖柔必強」（中庸）。

・和光同塵

這兩句老子很修行、很能量。

和光──調柔生命能量。

　　　　領導者太奪目會有副作用，譬如：依賴、壓力……

同塵──減緩意識速度。

　　　　電影《露西》說，能量速度太快，對速度差很多的人，這樣
　　　　的生命等於不存在。

一群真理夥伴跑步的比喻。為什麼孔子像「喪家之犬」的原因。

（參拙著：《老子與我：搞笑版老子教你生命哲學》，頁 19）

第三節　道的先驗性

・湛：1. 沉也。2. 深厚。3. 清澈。

・或存：這是真正的修道人才說得出的話。

　參考佛家對禪境的領悟──不緊不鬆、提起放下、如來、若存。

　道體、佛性是一種「曖昧的實存」、「浩瀚的不確定」。

　為什麼不確定？因為，不落空有二邊。

・吾不知誰之子：誰是道的媽媽？道有媽媽嗎？

　你說呢？我認為有。

・帝：1. 天帝。2. 生命主體。

・這一節講道的先驗性與曖昧性。

第五章
無為自性

天地不仁，以萬物為芻狗；聖人不仁，以百姓為芻狗。
天地之間，其猶橐籥乎？虛而不屈，動而愈出。
多言數窮，不如守中。

這一章開始談另一個老子的中心思想：自性。

自性與無為是因果的關係。

自性與道很接近，語義的差別在個與共、微與宏、自然與普遍的不同偏重。

天地間有一個最核心的東西，祂不能被摧毀，只會被壓制。無為就是將「壓制物」挪開。

第一節　天然自性

・不仁：天地聖人的不仁不是真的不仁，是不以仁為仁。

就是不執著仁，不恃仁，做了好事不覺得有多了不起。

做好人好事是情不自禁的能量湧現，這是真的。

心中先存了一個做好人好事的念頭，就是個人的慾望或「私意」。

事實上，最好的好事是不著痕跡的誘發對方成長。

讓百姓萬物「自賓」、「自均」、「自化」、「自正」，而不強加宰制（長而不宰），這正是「不仁」的愛人原則。

憨山註：「此言天地之道，以無心而成物。」「且天地聖人，皆有好生

愛物之仁，而今言不仁者，謂天地雖是生育萬物，不是有心要生，蓋由一氣當生，不得不生，故雖生而不有。」

· 芻狗：很有名但許多人解釋不清楚的幾句老子。

　1. 芻是野草，狗就是狗。

　　王弼：「天地不為獸生芻，而獸食芻；不為人生狗，而人食狗。無為於萬物而萬物各適其所用。」

　　天地聖人以萬物百姓為芻狗，就是不相干擾，讓天然天性，自然自明的意思。

　2. 芻狗就是稻草狗。

　　憨山註：「縛芻為狗，以用祭祀者。」類似今天燒紙人紙房的民俗。

　　稻草狗本來是不值錢的東西，但一用作祭品，就貴重起來，以萬物百姓為芻狗，中間有深義：從芻狗→祭品，中間有蛻變，象徵老百姓本來也沒什麼，但經過一段「自化」的過程，即有可能蛻變為大德者。

· 前提是不仁，才會出現芻狗的歷程。

　有了無為的功夫，自性才會有機會湧現。

　這一節其實就是在講不執著的愛。

第二節　自性的力量

· 橐：音陀。風箱。

　憨山註：「鼓風鑄物之器。」

· 籥：音越。管樂器。

　憨山註：「承氣出音之器。」

· 兩個很好的例子：天地虛無，又用之不絕，如橐如籥。

· 虛而不屈：虛空無為但不是委屈自己，是為了無裡見道。

· 動而愈出：生命主體的力量越使用越洶湧。

憨山註：「然道在天地，則生生不已；道在聖人，則既已為人己愈有，
既已與人己愈多。」

‧虛空出自性，自性見無窮。

第三節　言與中

‧數：頻頻。

‧中：心靈。

‧話太多，會困窘；空談理論，易貧乏。

有無窮可能的是心靈，不是理性，更不是知識。

‧但不要忘記：中自無生。

第六章
谷神與玄門

谷神不死，是謂玄牝。玄牝之門，是謂天地根。
綿綿若存，用之不勤。

第一節　谷神與玄門

· 谷神：用得多好的一個詞兒。

　谷神者，無為也。

　空谷出神，就是無中生有的概念。

　憨山註：「谷，虛而能應者。」「亙古今而長存，故曰谷神不死。」

· 玄牝：有無相混謂之玄，玄就是有無旋轉的發動。

　玄就是深黑色，牝就是母馬。玄牝就是黑麻麻母馬。

　憨山註：「且能生天地，萬物生生不已，故曰是謂玄牝。牝，物之雌
　者，即所謂萬物之母也。」

　玄牝之門，簡稱玄門，包含了真理的生發性與實踐性。

· 門：門這個象，可出可入──有無內外，出世入世。

· 天地根：這玄門，無中生有，覺知天下。

　真理的先驗性與生發性。

第二節　道境

· 綿綿若存，用之不勤：也是修道人才說得出的境界。這兩句是禪的語言。

綿綿，不斷絕。

若存，好像存在？彷彿存在。

用，用力，專注，有為。

不勤，不用力，隨興，無為。

憨山註：「愈動而愈出，用之不竭，故曰不勤。凡有心要作，謂之勤。蓋道體至虛，無心而應用，故不勤耳。」

所以……

綿綿、用之——不鬆／提起／用力／有為／不斷絕／有／覺……

若存、不勤——不緊／放下／不用／無為／不執真／空／無……

說不完的！佛性之琴弦，道可道非常道的禪境！不執真的不斷絕，不落空有二邊，不用之用，不用力的淨念相繼，不存在的存在，彷彿的存在，曖昧的存在……

（參拙著：《老子與我：搞笑版老子教你生命哲學》，頁 28）

第七章

無私之效──輸小贏大法

天長地久。天地所以能長且久者，以其不自生，故能長生。
是以聖人後其身而身先，外其身而身存，非以其無私邪？故能成其私。

· 不自生：不自私其生。
· 坐公車禮讓他人先上車的例子。

　打球不在意輸贏的例子。

　上課、演講超越好壞的例子。
· 放棄私慾，生命才會有更大的突破。

　人要活得有氣魄，赤手空拳，一無所有，正是最強大的時刻。
· 無我無私→沒有得失心→不緊張→揮灑自如。

　所以無私是最高效的工作狀態。

　所以無私不只是道德問題，還是強大行動。

第八章
水的哲學，善與不爭

上善若水。水善利萬物而不爭，處眾人之所惡，故幾於道。
居善地，心善淵，與善仁，言善信，政善治，事善能，動善時。
夫唯不爭，故無尤。

第一節　水的哲學、柔弱哲學

・清淨本性是不辭勞苦、不爭短長的。
　真理是可以很柔軟靈動的。

第二節　老子七善

・善是動詞──心懷善良的投入。
・居善地：對所住的地方投注善良與感情。
・心善淵：內心深深鍾愛深刻與空淨。
・與善仁：不管面對豺狼虎豹，手段可以從權，心靈不可放棄。
・言善信：說話常懷仁善，發揮影響力。良言一句三春暖。
・政善治：眾人之事。
・事善能：具體之事。
・動善時：善於逮住時機很重要。
　「時中」、當機、剛剛好理論……
　1. 發動的時機。2. 力道的分寸輕重。

‧外境的善良。　　有為家裡或地方做些事嗎？

　內心的善良。　　有好好對待自己的心嗎？

　關係的善良。　　有對任何一個人好過、溫柔過嗎？

　言語的善良。　　講話有為對方著想嗎？

　政治的善良。　　真的有為群眾做事嗎？

　做事的善良。　　有用心的做這件事嗎？

　時機的善良。　　出手，準嗎？

第三節　回到不爭

‧最後一節兩句話很重要。

　人間世所有的善良最後要回歸無為與不爭，才不會出現怨懟。

　回歸無為的善良才能保障是清淨與純粹的善良。

　善良不回歸無為，就會回歸僵化。也就是——

　善良→不爭

　有→無

　有→無→有→無……回歸玄牝之門才是終極的回歸。

第九章
無為的人間應用

持而盈之，不如其已；揣而銳之，不可長保；金玉滿堂，莫之能守；富貴而驕，自遺其咎。功成名遂身退，天之道。

- 持而盈之，不如其已：

  端起一杯滿溢的茶杯，水可能灑出來，不如不要動它，放下來。

- 揣而銳之，不可長保：

  鋒利的東西揣在懷裡、袖中，不可能保住不被發現。

- 金玉滿堂，莫之能守：錢太多，又高調，守不住的。

- 富貴而驕，自遺其咎：有錢還跩，自己找死。

- 這四聯都是洞察世情的智慧——

  勢太滿，放一下；危險的東西，不要放在身上；有錢，要低調；身處高位，要謙虛。

  四個無為的對象：急、忿、貪、慢。

- 解決方案就是：天之道。——

  事做完，留下個名兒，趕快退場。

  大自然沒有不退場的現象，春、夏、秋、冬、潮、雨、旱、炎……

第十章

出入無有六句訣

載營魄抱一，能無離乎？專氣致柔，能如嬰兒乎？滌除玄覽，能無疵乎？愛國治民，能無為乎？天門開闔，能為雌乎？明白四達，能無知乎？生之，畜之，生而不有，為而不恃，長而不宰，是謂玄德。

這是大章。

第一節六句話都在無有出入之間來往討論。

第一節　出入無有六句訣

・載營魄抱一，能無離乎

整體面對與不要黏住

第一句講有後歸無。

營魄就是魂魄、精神的意思。

「一」就是道的象徵數──不能分割的整體與單一的精純。

生命是具體、獨特又完整的，生命是說不完的──一段關係、一條河、一座山、一位大德、一門技藝……都是終身讀不完的。一花一世界，一葉一如來，一物一太極，任何生命都是天道具體而微的全體朗現。真實的生命是不能簡化、分割的，但人心一扭曲，就把自己從整體中分割出來，譬如：對生態的不尊重與糟蹋。

　　科學家說科學最重要，文化工作者說文化最重要，藝術家說藝術最重要，政治家說政治最重要，教育家說教育最重要，經濟學家說經濟最重要。……都對，都不對。整體就在整體之中，整體不能從哪一個本位去判斷，掌握整體就是讓自己跳入整體之中，然後從整體去面對具體而獨特的人、事、物──《易經》的「茂對、時育」。

　　離是麗的假借。附麗，附著的意思。

　　老子生怕儒者用力太過，載營魄抱一，覺心一滑失，「黏」住人間種種執著不放（離其實就是不離），就叫「往而不返」，回不來了！

　　所以提醒有後歸無，「能無離乎」是一個質詢修為高度的問句。

　　也就是本人《懸劍拾遺》的「無覺在行」四字訣，覺、在之間的五層滑失。

・專氣致柔，能如嬰兒乎

嬰兒哲學

　　第二句偏向講無。

　　專氣，練氣到專一精純。

　　如嬰兒的無妄念、無雜念、無剛暴之氣。

　　憨山註：「先制其氣不使妄動以薰心，制其心不使妄動以鼓氣，心靜而氣自調柔，工夫到此，則怒出於不怒矣，如嬰兒號而不嘎。」

　　孟子：「持其志，無暴其氣。」

　　喚醒內在的嬰兒能量。天真的能量。例如：跳舞禪、嬰兒靜心……

・滌除玄覽，能無疵乎

心乾淨了，同時看到天上人間！

　　第三句講內在性的從無到有。

滌除玄覽是大功夫——滌除是無為，玄覽是無不為。

滌除是無，玄覽是有。

滌除內心的執著、頭腦作用、負面情緒、地雷、老朋友……

玄覽就出來了！玄覽就是玄妙的觀覽。《中庸》叫「誠」、王陽明的「見獨」、莊子的「坐忘」、佛家的「頓悟」、《易經》的「中孚」……不通過思考、沒有想，立即清楚的知道。其實是人常有的經驗，心靈一澄澈，馬上清楚得緊，而且彷彿接上什麼時候曾經有過的經驗！一般叫靈感，老子稱玄覽，不通過任何媒介，直接從心裡出發與外界接通，突然很清楚、很澄明、很安然的觀覽。

玄覽的修為有一句很好的片語：grasp that rabbit！心靈能力跟理性作用是不同的——化知歸真，讓理性運作回歸心靈的多元與活潑。

玄覽是信任生命運動知識，理性是用頭腦去記憶。

前者是面對無窮在瞬間射中靶心。

後者是在死守有限的條文中失去瞬間。

前者是活的無窮，後者是死的簡化。

前者是生命的羿，後者是摸隱形眼鏡的半瞎。

疵就是小污點、小毛病。

・愛國治民，能無為乎

心乾淨了，才能一身磊落的當個好官！

第四句講外在性的從無到有。

從內聖的清淨到外王的愛民。

內在無為了，沒有慾望了，才能愛國治民。

心裡有慾望，這個官就會當不好了。但慾望不只指貪財、權力慾，也包括闖一番事業、控制慾、虛名、政黨利益……總之一有慾望就是私心，

公家的活就幹不好了。

　　《懸劍集》的說法：心中沒有慾望，真的；心中一有慾望，假的。

　　只要心裡有想完成一件具體的事的想法，就是慾望，就是私意。

　　《老子與我》的說法：一個大政治家，必須做到「四個沒有」。

　　1. 沒有內在利益。（最根本的內心的崁兒。）

　　2. 沒有個人利益。（選票考量。）

　　3. 沒有黨派利益。（本末倒置。）

　　4. 沒有國家利益。（過度的國家本位主義。）

・天門開闔，能為雌乎

覺知的心正是天人之際

　　第五句偏向講有。

　　天門就是覺知心靈，心就是天之門。

　　門就是象徵可出可入、自由開闔——覺性打開，進入人間；回到覺性本身，一片清淨無為。

　　憨山註：「雌，物之陰者。蓋陽施而陰受，乃留藏之意。蓋門有虛通出入之意。而人心之虛靈，所以應事接物，莫不由此天機發動。蓋常人應物，由心不虛，凡事有所留藏，故心日茆塞。莊子謂室無空虛，則婦姑勃谿。心無天遊，則六鑿相攘。此言心不虛也。然聖人用心如鏡，不將不迎，來無所粘，去無蹤跡。所謂應而不藏。此所謂天門開闔而無雌也。」

　　無雌就是無所留滯，無所執著。

　　這一句就是在講覺知心的自由出入。

　　奧修：「人在覺知中是不會犯錯的。」

・明白四達，能無知乎

放下頭腦作用，心的力量四通八達

第六句講內在性的從無到有。

明白四達→不通過知識。

沒有理性主義、頭腦作用、知識成見的隔斷→心靈明白四達。

正、反讀法皆通。

明白四達是一句很好的話，心靈有時候會突然很了解，跟外界一切時空接得很清楚、很朗照、很暢快、很感動！

明白四達也是一種玄覽。

・出入無有六句訣

1. 載營魄抱一能無離：整體面對與不要黏住。（有→無）
2. 專氣致柔能如嬰兒：嬰兒哲學。（無）
3. 滌除玄覽能無疵：心乾淨了，同時看到天上人間！（內在性的無→有）
4. 愛國治民能無為：心乾淨了，才能一身磊落的當個好官！（外在性的無→有）
5. 天門開闔能為雌：覺知的心正是天人之際。（有）
6. 明白四達能無知：放下頭腦作用，心的力量四通八達。（內在性的無→有）

第二節　玄德

・生之，畜之：成長與養德。

這四個字是講「無覺在行」的行——在人間的行動中成長與養德。

‧生而不有，為而不恃，長而不宰，是謂玄德：

　　這四句是講從有歸無。

　　「無」還是在人間學道要一直一直回去的基本法。

　　正式提出「玄德」的定義。

　　有，佔有。恃，仗勢。宰，宰制。vs 顏回的「無伐善」。

‧《老子與我》的比喻：空性媽媽＋覺知爸爸→黑麻麻母馬女兒。

第十一章
以無為用

　　三十輻共一轂，當其無，有車之用。埏埴以為器，當其無，有器之用。鑿戶牖以為室，當其無，有室之用。

　　故有之以為利，無之以為用。

- 轂：中空的車軸。
- 輻：連結轂與輪的木條。
- 埏：音山。以水和土。
- 埴：黏土。
- 戶指門。
- 牖指窗。
- 憨山註：「此言世人但知有用之用，而不知無用之用也。意謂人人皆知車轂有用，而不知用在轂中一竅。人人皆知器之有用，而不知用在器中之虛。人人皆知室之有用，而不知用在室中之空。以此為譬，譬如天地有形也，人皆知天地有用，而不知用在虛無大道。亦似人之有形，而人皆知人有用，而不知用在虛靈無相之心。是知有雖有用，而實用在無也。然無不能自用，須賴有以濟之。故曰有之以為利，無之以為用。利，猶濟也。」說得好！「虛靈無相之心」。
- 利就是利益眾生的意思。
- 以無為體，以有為用。
　也是無為而無不為的意思。
- 無為是高效的行動策略。
　沒事是聰明的做事方式。

第十二章
生活簡單化

五色令人目盲，五音令人耳聾，五味令人口爽。馳騁田獵，令人心發狂。難得之貨，令人行妨。

是以聖人為腹不為目，故去彼取此。

· 這一章講無為的生活應用——生活簡單化。

· 五色令人目盲：

　五色是黑白紅黃青（水金火土木）。意思指一個繽紛的世界。

　目盲，心眼瞎了——看不到人生的目的、生命的真義、時代的悲喜。

　憨山註：「失其正見，故盲。」

　心眼→先兆、能量悸動。

· 五音令人耳聾：

　五音是宮商角徵羽（土金木火水）。意思指一個聲色的世界。

　耳聾，心耳聾了——聽不見心靈的聲音、成長的律動、自然的節奏。

　憨山註：「失其真聞，故聾。」

　心耳→聞道、聽法。

· 五味令人口爽：

　五味是酸苦甘辛鹹（木火土金水），中醫五行學說認為酸味入肝，苦味入心，甘味入脾，辛味入肺，鹹味入腎。

　王弼：「爽，差失也。失口之用，故謂之爽。」爽，本義「明」，明易有失，反訓為失。

　口爽，心舌麻木——嚐不到人生的真味、自然的滋味、真理的味道。

憨山註:「失其真味,故爽。」

心舌→食物的真味、「既飽以德」。

・馳騁田獵,令人心發狂:

在速度的快感中心靈失控。

憨山註:「失其正定,故發狂。」

・難得之貨,令人行妨:

因財失德,因財失義。

憨山註:「失其正操,故有妨。」

・為腹不為目,故去彼取此:

顧好巴豆,少看美色。

為腹──自然的生理需要。

為目──慾望的放大。

彼──慾望人生。

此──內在人生。

・《蘇菲之路》說「剝」:「幾乎所有來見我的人,對人都有奇怪的想法。
其中最奇怪的是認為人只有經由充實才能改善。但那能夠了解我的人卻
明白,人固然需要增添,但同樣需要剝除──把僵化的累積物剝除,以
便讓那有認知能力的本質呈現出來。」「人在思想的時候總是計算著把
某些人、某些教誨和觀念收攬在某一計畫中。但那真正智慧的人,卻知
道教誨也可以由剝除那些使人目盲耳聾的東西來實踐。」

・第三章說「不見可欲,使心不亂。」慾望與修道成反比──慾望的遞增
與膨脹會導致心性的毀損與稀薄;相反的生活越單純,對物質的依賴越
低,心性的清淨與敏感會遞增。

第十三章
抽空自我的根本大法

> 寵辱若驚，貴大患若身。
> 何謂寵辱若驚？寵為下，得之若驚，失之若驚，是謂寵辱若驚。
> 何謂貴大患若身？吾所以有大患者，為吾有身，及吾無身，吾有何患？
> 故貴以身為天下，若可寄天下；愛以身為天下，若可託天下。

第一節　下標題

· 寵辱若驚是談「取消情感的需索」。
　貴大患若身是談「取消自我的執著」。

第二節　對「寵／辱」的態度

· 受寵與受辱都是一場內在情緒的驚慌！
　受寵若驚——缺乏自信、虛榮。
　受辱若驚——自我膨脹、憤怒、被冒犯。
　真正的成熟是遇上稱讚、批判甚至中傷，第一個反應不是喜怒，而是思考。
· 寵為下：受寵（辱）是被動的。
　如果一直受困於他人的毀譽寵辱，一直隨著他人的反應而波動情緒，生命就永遠變成被動的，生命將永遠失去對自由的主控權。
　毀譽由人不由我，憂喜隨心不隨人。
　要收回對生命的主控權，釜底抽薪之計，就是取消自我——下一節對「身」的態度。

第三節　對「身」的態度

· 貴大患若身：其實意思是「貴大患若貴身」。

那麼重視、珍愛災難啊！意思是說太看重自我等於是養患！（老子講話很酸。）

先秦經書的「身」通常指自我、人格，很少是身體的意思。

憨山註：「然身，乃眾患之本。既有此身，則飢寒病苦，死生大患，眾苦皆歸，必不可免。」

· 《懸劍集》的「抽空自我法」：

「自我是沒有必要的。

奧修說自我是人生最悲慘的遭遇！

快樂就是當我們忘記自我的時刻，痛苦就是當我們記得自我的時刻。

愈記得，愈痛苦。

老子說生命如果沒有自我，人生即將沒有災難。

想方設法讓自我消失，別人與自己將同時失去攻擊的目標。

自我，絕對不是心靈經驗。」

· 名為「自我」的囹圄，可能裡面根本就是一座瘋人院。

葛吉夫稱為「我群」。

· 《老子與我》的說法：「將自己變成一個空無，空無的經驗其實是很尋常的，一念空無，就是一個淨念，在一個淨念中做事，那一瞬間就是梵行。」

· 取消自我是根本大法。

第四節　對「天下」的態度

・有道者能「無身」，貴愛天下，身奉天下，忘身用世，當然可以將天下
　寄託給他了。

・這一節是無我、忘身的進一步推擴。

・真正的無我者是大德者，
　高階的無我者是天下人。

第十四章

玄德、禪境與恍惚之道

視之不見名曰夷，聽之不聞名曰希，搏之不得名曰微。此三者不可致詰，故混而為一。其上不皦，其下不昧。繩繩兮不可名，復歸於無物。是謂無狀之狀，無象之象，是謂惚恍。迎之不見其首，隨之不見其後。執古之道，以御今之有。能知古始，是謂道紀。

這一章好難！

要很謙虛、謹慎面對的一章。

因為這一章用的是實修的語言、定中的境界。

· 憨山註：「夷，無色也。」「希，無聲也。」「微，無相也。」「搏，取
　　　　　之也。」

致詰：提出理性質詢與思辨。

· 混而為一：

　　「混而為一」描述了真理的整體性、不可割裂、無法分析。不要去追……那個狀態，追不上的，跳進去，精義入神。跳進大海，了解，卻無法說明在真理大海洇泳的滋味。（這裡有一個心得：四字訣「無覺在行」四步功夫最後要落到不可思議而一體同義的「行」，鎮華老師稱為「中道今來」。真理狀態是「全方位的同義詞」狀態。）

· 有一個東西看不見、聽不到、摸不著，而且不可思議，渾然一體，無縫無隙……這是什麼東西呢？在真理叫道體，在人性叫覺性，在修煉叫禪境。

還有一個問題：老子為什麼可以說得那麼精細呢？

・其上不皦，其下不昧：

　　憨山註：「其上日月不足以增其明，故不皦。皦，明也。其下幽暗不能以昏其禮，故不昧。」

　　這個不皦不昧（不明不暗）有兩個方面的解釋：

　　1. 就是許多傳統經書描述真理的恆常穩定——老子說「獨立而不改」、《心經》說「不生不滅，不垢不淨，不增不減」、《易經》井卦的「改邑不改井，无喪无得」。

　　2. 也可以從修禪的角度設想這個不皦不昧、不明不暗——

　　　　不皦、不明、放下、提不起、鬆、若存……

　　　　不昧、不暗、提起、放不下、緊、綿綿……

　　　　　→之間，維持在非空非有、非有非空、即空即有、即有即空的心靈狀態……

　　這個心靈狀態就叫，禪。

・繩繩兮：憨山註稱為「綿綿不絕。」

・不可名：第一章的「名可名，非常名」。

　　不可以用群性我（假我）替代神性我（真我）——人性四元論。

・復歸於無物：從有歸無。還是玄德。

・這兩句還是在講「不皦不昧」的禪境：

　　復歸於無物、無、不皦、不明、放下、提不起、鬆、若存……

　　繩繩兮不可名、覺、不昧、不暗、提起、放不下、緊、綿綿……

　　　　→之間，維持在非空非有、非有非空、即空即有、即有即空的心靈狀態……

　　這個心靈狀態就叫，禪。

　　老子應該是有真功夫、大功夫的。

・無狀之狀，無象之象，是謂惚恍：

　　一樣是講無有相生謂之玄，不落空有之謂禪。

玄更用在人間，禪多落於靜修。

玄德禪境就是恍惚之道！

講得真到位！

· 迎之不見其首：無始。

隨之不見其後：無終。

· 執古之道，以御今之有：古道今有！

古喻亙古悠悠，今指當下之理。

也是無為而無不為的道的體用問題。

同物異名──古道今有＝中道今來＝無覺－在行＝無為－無不為＝……

· 能知古始，是謂道紀：

十口相傳謂之古。

古始，文化傳統的源頭。

道紀，真理的精義。

綱，捆綁紀的粗繩。大綱。

統，用大綱縛好一小束一小束的紀。

紀，整好線頭的散絲。微紀。

以綱統紀。

玄德禪境，是古始，是道紀。

附文一

噢！古奧

老子文字，向稱古奧。

我是一個重視文字，對文字敏感的人。常有的經驗是：讀到一段好文章，甚至只是幾句好話，即會感受到一份深沉的美感。有道者的文字，是有能量的，震動的能量，能量的震動！

文字不只是文字，文字背後常常隱藏著文字以外更深刻的東西。所謂「得象忘言，得意忘象」——只要夠敏感，層層穿透，即可看見言（文字、知識）後面的象（畫面、情境），甚至是象後面的意（真理、道體）啊！下文，與你分享、欣賞《老子》十四章的強文字：

· 混而為一。

這一句話說的是心靈能力。

即全即一，即繁富即簡要，即整體即當下，即心的感應全體即心的穿透當下，即混同天道即直下承當，即心能混感即心能行中。

混而為一是跳進整體，混而為一也是準確行動。

· 不皦不昧，不明不暗。

老子這八字是在講明暗之間、提起放下之間、有無之間、用與不用之間的心靈狀態！個人心得：於靜中曰禪，於動中稱玄。

· 恍惚之道！

就是無狀之狀，無象之象！

無有相生謂之玄，不落空有之謂禪。

玄更用在人間，禪多落於靜修。

玄德禪境就是恍惚之道！

講得真到位！

・古道今有！

真好的一句話！

玄道是古老的道路，當下哲學即今，行動人生稱有。

・古始道紀。

這句是在講玄德。

玄德是古老文化的源頭（古始），真理傳統的精義（道紀）。

・以綱統紀

三個字都從糸部，跟古人「治絲」有關。

治從水，水的象，在這裡，指一種除垢、梳理與穿透的力量。

綱，捆綁紀的粗繩，大綱。

統，用大綱縛好一小束一小束的紀。

紀，整好線頭的散絲，微紀。

所謂以綱統紀，綱紀分明──真正的力量不在剛性的規定，而在柔軟的調理。

附文二

微調與恍惚

儒門偏有，佛家偏空。所以佛家指點不落空有二邊，孔子也說無可無不可，老子則說大道恍惚，都是這層意思。即本體即功夫，即空即有，即內境即外用，即天即人……「即」是好字，即即即是，又義接近，所以即的本義就是若即若離，不落空有。所以，修內境是好的，人間行也是好的，但偏執任何一邊，就不是恍惚中道了。

落在人間的一教一派，必然有所側重，想想自己，比起師門，就是一個有著重奧修與內修向度的儒門弟子吧。也許，只是也許，我比老師「內」一些些吧。

所謂「修」，不就是在兩邊之間微調、校正。這修很微妙，稍稍滑一下，就微微，偏了。當然，修的途徑不同，就是「法門」。

所以無、無為其實就是卓越的微調、校正功夫──讓心歸零，就能更自由無礙的微調校正，行中中行。事實上，老子一再提出的「無」，其實是諸家修行的共法、基本功、基本法。就像身放鬆了，身體的錯位即比較容易調正；同理，心淨空了，一些更重要的東西就會自然湧現。

第十五章
有道者的氣象

　　古之善為士者，微妙玄通，深不可識。夫唯不可識，故強為之容。豫若冬涉川，猶若畏四鄰，儼若客，渙若冰將釋，敦兮其若樸，曠兮其若谷，渾兮其若濁。

　　孰能濁以靜之徐清？孰能安以久之徐生？保此道者不欲盈，夫唯不盈，故敝不新成。

　　這一章特點是用字傳神。

第一節　有道者的模樣

・士：
　　《說文解字》：「士，事也。」「孔子曰：推十合一為士。」
　　士就是做事的人。
　　士就是集中、凝聚、推動各方面意見（推十）為統合、整體力量（合一）的人。
・玄通：玄的人間通路。
・故強為之容：
　　憨山註：「夫為不可識，最難形容，特強為之形容耳。」
　　下文就是形容之詞。
・豫若冬涉川，猶若畏四鄰：
　　憨山註：「猶豫，行不進貌。」

古人在冬天渡過結冰的河面要有非常周全的準備，或在強鄰環伺的情況下治國的樣子。

傳神描寫戒慎嚴謹的神態。

· 儼若客：端儼、謙退、守分、客氣得像在作客。

· 渙若冰將釋：豁達、揮灑時像冰雪解凍，大地回春，一片生機。生動！

· 敦兮其若樸：

憨山註：「敦，敦厚。樸，無文飾也。」

樸，道的原始狀態。像未經修飾的本質狀態一樣的敦厚。

《蘇菲之路》：「蘇菲，就是脫去外殼的真理。」

· 曠兮其若谷：豁達能容像大谷。

· 渾兮其若濁：渾然一體的樣子像看不清楚。

一個老拳師說以前的人把所有的東西全都講到一塊兒去。

君子不器，道大不肖。

第二節　靜、養、不滿、舊

· 濁以靜之徐清：心靈沉澱法。

一杯濁水，靜置之，慢慢的沙土自沉，清水自現。

不要攪擾情緒的渾水，還原心靈的清純度。

· 安以久之徐生：心安頓好，緩緩養，力量與生機會源源興發。

· 不欲盈：憨山註：「天道忌盈，滿則溢矣。」

不盈才能活下去──盛氣、養生、關係⋯⋯皆然。

· 敝不新成：

憨山註：「物之舊者謂之敝。凡物舊者，最持久，能奈風霜磨折。而新成者，雖一時鮮明，不久便見損壞。」「觀子房請留辟穀之事，可謂能敝不新成者。此余所謂子房得老之用也。」

敝，就是舊的力量。舊是一種力量──

1. 日久、溫潤、沒火氣。2. 功深。3. 經得起時間考驗。4. 不招忌。

例子太多：古玩、拳術、創作、寫詩、學問、美酒、做人……都是。

第十六章
談覺體

**　　至虛極，守靜篤。萬物並作，吾以觀其復。夫物芸芸，各歸其根。歸根曰靜，是謂復命。復命曰常，知常曰明。不知常，妄作凶。知常容，容乃公，公乃王，王乃天，天乃道，道乃久，沒身不殆。**

　　這一章傾向講有——本體。
　　這一章比較在談「無覺在行」的第二個字。

・至虛極，守靜篤：
　　真正的虛不是沒有，是不設限；極至的靜不是無聲，是心乾淨。
　　徹徹底底的虛靜就是「無為」了。
・萬物並作：「作」就是不自然的人為造作。
　　「作」比較是反用字，「為」比較是正用字。
　　乍是「止」義，人的不自然該停止就是作。
　　「為」是兩隻母猴相對的象形文，猴子比較自然？
・觀復／歸根／復命：復與歸就是回去，根與命就是覺性本體！
　　多兩句：佛性是變幻人生的根柢，良知是波瀾浩瀚的天命。
　　參《周易・復卦》，回家專卦——七日來復、不遠復、休復、頻復、中行獨復、敦復、迷復。
　　現代世界，群魔亂舞，心靈崩落，人性被簡化與扭曲，文化被集體的制度與潮流掩埋，大自然被波及與破壞！復道是大事。
・歸根曰靜：根源性學習。

回到人生萬象的颱風眼──靜。

譬如：慈愛是勇氣的根。

　　　　簡單是豐富的根。

　　　　內在成熟是文化與制度的根。

　　　　生活與真誠是藝術創作的根。

　　　　佛性是變幻人生的根。

　　　　成熟是行動的根。

　　　　清淨是愛的根。

咱們是失根的一代，也是尋根的一代。鄭板橋愛畫「失根的蘭花」，唐君毅先生說「中國文化的花果飄零」。生命的復元與文化的歸根是同一件事。

・是謂復命：

《中庸》：「天命之謂性。」天命就是如來自性。

（題外話：《中庸》寫得那麼精采，但《中庸》首三句，無覺在行，就是獨缺無的功夫。）

・復命曰常：回到覺知本體，就是回到常道。

・知常曰明：從常道明照人間。

・不知常，妄作凶：不從常道接通人間，胡作非為，就會發生種種斷裂與凶險。

・知常容：包容人間種種真與偽。

・容乃公：公心天下。

・公乃王：以德服人。

・王乃天：王者一貫，可以通天。

・天乃道：回到最高真理。

・道乃久：只有真理，才真正經得起考驗。

・沒身：自然生命結束。

　殆：盡也。

第十七章
與道的五層關係

　　太上，下知有之。其次，親之、譽之。其次，畏之。其次，侮之。故信不足焉，有不信。猶兮其貴言，功成事遂，百姓皆謂我自然。

　　這一章講了一個重要問題：與道（真理）關係的破裂。

　　憨山註：「此言上古無知無識，故不言而信；其次有知有識，故欺偽日生。」

・太上，下知有之：

　另一個版本是「太上，不知有之」，解釋較直接。

　太上之世，人不知有道，因為人道一體，人在道中。

　與道的第一層關係：沒關係。不知有道，人道不二。

・親之：

　知親、需要去親，就是與道為二。

　與道的第二層關係：開始分開，還知近道，人道為二。

・譽之：

　有譽則有毀，有是則有非。

　開始落到觀念、成見、學派、看法的執著。

　與道的第三層關係：破裂出現，道成了意識形態，離道日遠。

・畏之：

　畏指敬畏。一旦敬畏，就只是恭在神主牌。

　憨山註：「去道益遠，而人皆畏道之難親。故孔子十五而志於學，至

七十而方從心。即顏子好學，不過三月不違仁，其餘則日月至焉。可見
為道之難，而人多畏難而苟安也。是時雖畏，猶知道之不敢輕侮。其世
再下，則人皆畔道而行。但以功名利祿為重，全然不信有此道矣。」
與道的第四層關係：大裂之世，道成了宗教與偶像，天人分裂了。

· 侮之：

現代人對道（真理）的態度。

因為資本主義、頭腦作用對真理輕蔑。

與道的第五層關係：正式決裂，道成了敵對，無道的人間。

· 信不足焉，有不信：只有成熟的心才信得起真實的存在。

· 猶兮其貴言，功成事遂，百姓皆謂我自然：

猶，謹慎。

貴言，不輕易說話。

此三句講太上之世與道的第一層關係——有道者之道。

· 老子點出與道的五層關係——從不二到決裂

與道的第一層關係：沒關係。不知有道，人道不二。

與道的第二層關係：開始分開，還知近道，人道為二。

與道的第三層關係：破裂出現，道成了意識形態，離道日遠。

與道的第四層關係：大裂之世，道成了宗教與偶像，天人分裂了。

與道的第五層關係：正式決裂，道成了敵對，無道的人間。

（參考拙著《懸劍拾遺》從無覺→在行的五層分裂。）

第十八章
打破符號世界（一）

大道廢，有仁義；智慧出，有大偽；六親不和，有孝慈；國家昏亂，有忠臣。

這一章在講取消充斥假我的符號世界。

在這一章，老子講話很嚇人。

這一章的辯證法很精采──詭辭為用。

· 參《懸劍集》的人性四元論。

四元：物性我　　＋　　群性我　　＋　　個性我　　＋　　神性我
　　　（燃料）　　　（生存工具）　　（橋樑）　　　（主題）
　　　　　　　　　　（大障礙）

群性我本來只是生存工具，但人類群體越大，群性我越演化成一個尾大不掉的符號世界，加上時間軸累世累代的慣性，這個演變成大怪物的假我世界就狠狠壓制住物性我與個性我，進一步讓人性中最珍貴的可能──神性我──無法出現。所以老子的無為功夫就是取消群性我的副作用，於是：

修行者只保有一個單純的生存工具，物性我強悍的燃料不再受壓制而得到點燃，通過個性我的橋樑，即有機會通向神性我的生命奧秘與主題了。更簡明的說法：

移除群性我……釋放物性我與個性我→神性我

· 第十八章中的——

　　大道、智慧、六親、國家 →群性我

　　廢、不出、不和、昏亂 →無為功夫

　　仁義、無大偽、孝慈、忠臣 →接近神性我的含義

· 大道廢，有仁義：

　　這裡的大道不是指神性我，而是接近群性我——意思是好像很大、很嚴重的規矩。

　　廢掉臭規矩，人間才會出現真正的愛與準確。

· 智慧出，有大偽：

　　用智用巧，大的虛偽就產生——

　　　侵略別人的國家叫義戰，污染環境撈大把鈔票叫國家建設，最專制的國家叫共和國，最破壞民主精神的政黨叫進步黨，當馴獸師叫辦教育，佔有慾叫愛情，打壓孩子的理想性叫都是為你好，都不得罪人也都沒將事情做到好叫穩重……

　　　中國先民早認識到文字一發明，多少災禍會接踵而至——倉頡造字，天雨血，鬼夜哭！

· 六親不和，有孝慈：

　　六親就是君臣、父子、夫婦。

　　許多家庭都是撕破虛偽的外表、規範與規矩之後，才浮現真感情。

　　也就是「導論」所說的周「禮」之後，孔子提出「仁」（真性情）而老子提出「無」（取消虛偽）。

· 國家昏亂，有忠臣：板蕩出忠臣。這句比較好理解。

第十九章
打破符號世界（二）

絕聖棄智，民利百倍；絕仁棄義，民復孝慈；絕巧棄利，盜賊無有。
此三者以為文，不足，故令有所屬：見素抱樸，少私寡欲。

十九章與十八章的含義基本相同。

・重視聖之名：自我膨脹，造神運動。
・重視智之名：會傲慢，欺負人。
・重視仁之名：會虛偽，道德氾濫。
・重視義之名：英雄主義，充老大。
・重視巧之名：實用主義，沒文化。
・重視利之名：金錢主義，資本主義。
・三者就是聖智、仁義、巧利——
　其實就是太過份的威權主義、道德主義、實用主義。
・以為文：這三者都是形式主義。
　文相對是質——形式與內容。
　外在化是所有人生痛苦的唯一原因。
　就是落到群性我的符號世界。
・不足：這是不完整的。
・令有所屬：理當回到「內在化」的歸屬。
　內在化是唯一真實的生命方向。
・見素抱樸，少私寡欲：

素，純粹。樸，本質。──接近個性我甚至神性我的概念。

素，未製練的生絲。樸，未加工的原木。

私，自我。欲，慾望。──群性我的枷鎖。

可以總結成四個字：去華取實。

第二十章
道性與頭腦性兩種生命狀態

　　絕學無憂？唯之與阿，相去幾何？善之與惡，相去何若？人之所畏，不可不畏，荒兮其未央哉！眾人熙熙，如享太牢，如登春臺。我獨泊兮其未兆，如嬰兒之未孩，乘乘兮若無所歸。眾人皆有餘，而我獨若遺，我愚人之心也哉。沌沌兮！俗人昭昭，我獨昏昏。俗人察察，我獨悶悶。澹兮其若海，飂兮似無所止。眾人皆有以，我獨頑且鄙。我獨異於人，而貴求食於母。

　　憨山註：「此章絕學無憂，乃無學之學。」
　　這一章很深、很實修、也很難註解。
　　這一章用字很靈活。
　　內容主要是在對照「活在道中」與「活在頭腦中」兩種天地懸隔的生命狀態。

・首先用問句丟出主題：絕學無憂？
　——斷絕了知識性、頭腦性的學習就真的能夠無憂嗎？
・唯之與阿，相去幾何：
　唯就是唯唯諾諾，「阿」就是有點敷衍的嗯嗯的語氣。
　憨山註：「譬夫唯之與阿，皆應人之聲也。」
　意思是說這兩者沒什麼分別。
・善之與惡，相去何若：
　跟著進一步提問，善與惡的是非判斷又真的有很大的分別嗎？

意思就是說，善與惡，跟唯與阿一樣，都是人為頭腦的執著，強分善惡
對錯，其實都是沒有意義的啊！

‧ 人之所畏，不可不畏：最麻煩就是這句。我的註解有點不一樣。

關鍵在「不」字。

照老子句法，不畏不是不畏，而是不以畏為畏，就是把畏「不掉」，所
以就是取消畏、不用畏、不落入畏的情緒陷阱的意思。

有旁證：三十八章的「上德不德，是以有德。」──上德之人，不以己
德為德，不自傲，才是真正的有德之士。

所以「不」就是無、無為的意思。

人類被群性我的假我世界包圍，一直害怕（畏）學歷、工作、金錢、婚
姻、別人的眼光、自己的執著……的種種得失成敗，於是神性我被重重
障礙，就出不來了。所以老子主張要把這種種「畏」不掉，才能掃清障
礙，讓如來自性荒兮其未央。

‧ 荒兮其未央：荒，大也。央，盡也。

不畏是因，荒兮其未央哉是果；不畏是前行，荒兮其未央哉是正行；不
畏即無，荒兮其未央哉即有；不畏是無的功夫，荒兮其未央哉是覺體顯
現；不畏是美好事情 1.0，荒兮其未央哉是美好事情 2.0。

畏是頭腦性的精神狀態，荒兮其未央是道性的精神狀態。

頭腦性是悲慘的人生遭遇，道性是無邊無際的靈性延展。

‧ 眾人熙熙，如享太牢，如登春臺：

熙熙，眾也，熙熙攘攘。潮流、享樂主義、隨大隊。

太牢，牛羊豕。指豐盛的美食。

春臺，晏遊的場合。就是今日的時尚派對。

這三句是群性我追逐的繁華世界。

‧ 我獨泊兮其未兆，如嬰兒之未孩，乘乘兮若無所歸：

這三句最厲害。

憨山註：「兆，念之初萌也。」

泊，棲止，淡默，停靠。

孩其實是「咳」字。《說文解字》：「咳，小兒笑也。古文咳從子。」

乘乘兮，憨山註：「虛心遊世，若不繫之舟。」

這三句是在描述道性或神性我的生命狀態——自我孤獨而淡默的安處當下，心海沒有一絲的波動，彷彿停留在連笑都還不會的初生嬰兒狀態，心如浮舟，並沒有一定要去哪裡啊……——老子是在講禪定狀態嗎？（《孟子·告子篇》：「孔子曰：操則存，舍則亡；出入無時，莫知其鄉。惟心之謂與！」孔子說他自己的心境界——當我要在人間行道，覺心自存；但等我事情做完了，回歸空無。出世或入世並沒有一定的安排，我也不知自己這一顆活活潑潑的心下一刻會往哪裡去啊！）

這三句都是在講無「覺」在行的第二個字——「入道」的精神狀態。

獨泊——見獨的探身至覺性之中。

未兆——尚未出現下一個念想。

未孩之嬰——《中庸》稱「喜怒哀樂之未發謂之中」。

　　　　　　最柔軟、純淨的生命原質。

乘乘兮——不繫之舟。

無所歸——心無定向。

經文可以約化成靜坐、入定時的四句口訣——

「獨泊未兆」、「未孩之嬰」、「荒兮未央」、「乘乘無歸」。

·眾人皆有餘，而我獨若遺，我愚人之心也哉：

有餘易滿，若遺自謙。

愚人之心是一種不讓頭腦作用進入的精神狀態，修道就是要讓自己蛻變成一個偉大的傻瓜。

·沌沌：渾沌不二。

昭昭：心計明白。

昏昏：無知無識。

察察：斤斤計較。

悶悶：把門關上，不讓心亂跑。

‧澹兮其若海，飂兮似無所止：

澹，浩浩淼淼。

飂，長風迅疾。

這兩句講覺性道體的無際無邊。

‧眾人皆有以，我獨頑且鄙：

有以，有所專長。

頑，不聽話。鄙，不好看。

這兩句是講有用無用不同的精神狀態。

‧我獨異於人，而貴求食於母：

憨山註：「是以道為母，而物為子。」──尋求真理的糧食。

第二十一章
從恍惚到萬象

孔德之容，唯道是從。

道之為物，唯恍唯惚。忽兮恍兮，其中有象；恍兮忽兮，其中有物。窈兮冥兮，其中有精；其精甚真，其中有信。自古及今，其名不去，以閱眾甫。吾何以知眾甫之然哉？以此。

- 孔德之容，唯道是從：
  首句下題——大德者的內在空間，只會跟隨道的標準。
- 道之為物至其中有精一段：
  講從無到有、講無為→覺知、講道在無有虛實間。
  憨山註：「恍惚，謂似有若無，不可指定之意。」
  窈，深遠。冥，幽暗。
  精：1. 精要。2. 精深。
  憨山註：「此正楞嚴經所謂唯一精真。」
- 其精甚真，其中有信：
  精神的覺知是有具體的影響力的。
  這一句從覺→在、行了。
- 以閱眾甫：從覺性道體觸遍生命舞台的千姿萬采。
  憨山註：「閱，猶經歷；甫，美也。」
- 吾何以知眾甫之然哉？以此：
  我怎麼知道生命萬象的真實呢？就是因為祂啊！——道體覺性。
  老子版的心外無物。
  內在的精靈決定了人生的姿采。

第二十二章
六個關鍵字

曲則全，枉則直，窪則盈，敝則新，少則得，多則惑。

是以聖人抱一為天下式。不自見故明，不自是故彰，不自伐故有功，不自矜故長。夫唯不爭，故天下莫能與之爭。古之所謂曲則全者，豈虛言哉！誠全而歸之。

這一章講了六個老子關鍵字、六種關鍵哲學：曲、空、敝、少、一、不爭。

第一節　轉彎、中空、破舊與減少

・曲則全，枉則直：轉彎哲學。

曲線與弧形是天地的真理，委屈與扭曲是直道的奔赴。

譬如：太極圖是弧形、星球軌道是弧形、最有效的攻擊往往是旋轉攻擊、直道才能曲成、委屈才能至遠、毛毛蟲的儒家傳統、做事要懂得轉彎、痛苦成就成熟、玄道正是圓形人生……

・窪則盈：中空哲學。

無中生有，空裡生覺。

・敝則新：破舊哲學。

破舊與疲憊是能量更新與活化的好機會。

譬如：the second energy、葛吉夫的故事、窮而後工、痛苦、無聊、水窮雲起、古玩、功力……

‧少則得，多則惑：減少哲學。

少就是收穫，多只是疑惑。

少是智慧，多了煩惱。

少容易覺知，多製造貪念。

少而美，多了累。

少是對的，多是錯的。

少是生命原則，多是慾望原則。

少是謙道，多易驕慢。

奧修說煩惱與痛苦的原因是一天之中做太多的事兒。

根本解法是全全然然回到每一個當下的修養。

第二節　一體性與自我

‧一：一體性、愛、同體大悲、太極。

一體性是佛性道體的「本相」。

所以四十二章說「道生一」。

‧式：一體性是一個生命行者判斷真假覺迷的根本標準。

擁抱整體，為天下法。

一體性其實是生命的本質，自我是頑固的假象。

奧修說過一個洞見：

「『在內心深處知道自己很特別。』這是上帝對每個人開的玩笑。

如果認為自己很特別，一定會為自己帶來痛苦。如果你認為自己比較聰明、優越、有智慧，你就會獲得一個很大的自我，而自我是毒藥，百分之百的毒藥。

當你變得愈自我主義，你愈會受傷；當你變得愈自我主義，你和生命之橋會被切斷得愈厲害；當你變得愈自我主義，你會變得愈冰冷和失

去愛。」

「每個人都是平凡的，整個存在都是平凡的。

有一個重要技巧：不論你如何看待自己，以同樣的方式看待他人，自我就會消失。」

‧不自見四句講的就是不爭哲學。

「自見、自是、自伐、自矜」其實就是自我膨脹的意思。

「明、彰、有功、長」就是取消自我之後的人格高度。

所以一體性與自我其實是相反的精神狀態。

‧夫唯不爭，故天下莫能與之爭：

「夫唯不爭」就是取消自我，「故天下莫能與之爭」就是回到一體性狀態，哪有人自己的胳膊與大腿打架的？

進一步說，一體性是高能的工作狀態──宏觀、了解得深、盡心。

第二十三章
有道者的四種狀態

　　希言，自然。故飄風不終朝，驟雨不終日。孰為此者？天地。天地尚不能久，而況於人乎？

　　故從事於道者，道者同於道，德者同於德，失者同於失。同於道者道亦樂得之，同於德者德亦樂得之，同於失者失亦樂得之。信不足，有不信。

第一節　狀態一、二與三

．狀態一與狀態二：希言，自然。

　有道者的兩項自我要求。

　希言：少說話。

　　　　說話是耗能狀態，省下珍貴的生命能源用在成長工作。

　　　　第五章的「多言數窮，不如守中。」

　自然：合乎生態法則的生活態度——吃、喝、睡、動、情感、關係。

　　　　七十七章的「天之道損有餘而補不足。」

．飄風不終朝，驟雨不終日：

　憨山註：「飄風不終朝，驟雨不終日，以比好辯者之不能久。然好辯者，蓋出憤激不平之氣，如飄風驟雨，亦乃天地不平之氣。非不迅激如人，特無終朝之久。且天地不平之氣，尚不能久，而況於人乎。此甚言辯之不足恃也。」

　狀態三：不用剛強。

　　　　　長遠來說，剛強是一種脆弱的方法。

．孰為此者：誰造成這種飄風不終朝，驟雨不終日的現象。

第二節　狀態四

- ·狀態四：不二的生命狀態。
  　　　　一個「實修」的概念。
- ·從事於道者，道者同於道：
  修道的人，要讓自己跳進道中。
  （而不是說一說，或過個場。）
- ·德者同於德：
  學習生命經驗的，要投身於生命經驗的狀態與行動。
- ·失者同於失：
  失是不執著、捨棄的意思。
  無我者最後要變成一個無！
  就像奧修說：最後連舞者都消失，就剩下一個跳舞。
- ·同於道者道亦樂得之，同於德者德亦樂得之，同於失者失亦樂得之：這
  三句就是講人與道、人與所修學的東西的不二的一體性狀態。
- ·信不足，有不信：
  心的力量是穿透的，但理性不是。
  不從心靈、主體、真我出發，只是純理性的運作，「信不足，有不信」
  是很現實的困窘。

- ·總結：有道者的四種自我要求的狀態——

  1. 少說話。　　　　　話多耗能
  2. 自然的生活方式。　不自然會受傷
  3. 不用剛強。　　　　剛則易折
  4. 不二。　　　　　　二即對立與分裂

第二十四章
自我是真理的餿水桶與死胖子

**　　跂者不立，跨者不行。自見者不明，自是者不彰，自伐者無功，自矜者不長。其在道也，曰餘食贅行。物或惡之，故有道者不處。**

- 跂者不立，跨者不行：

　憨山註：「跂，足根不著地也。」故不能久立。

　王弼：「物尚進則失安，故曰企者不立。」

　二說通，都是愛現不牢靠的意思。

　憨山註：「跨，闊步而行也。」

　憨山註：「蓋跂者只知要強高出人一頭，故舉踵而立。殊不知舉踵不能久立。跨者只知要強先出人一步，故闊步而行。殊不知跨步不能長行。以其皆非自然。以此二句為向下自見自是自伐自矜之譬喻耳。」

- 自見者不明，自是者不彰：

　自見（現）、自是都是自我膨脹。

　三十三章：「自知者明。」

　自我膨脹的人不了解自己，自以為是的人心靈不澄澈。

- 自伐者無功，自矜者不長：

　自伐，自誇。自誇、臭屁就是「市恩」。

　憨山註：「自矜，謂自恃其能。」

　臭屁的人取消了對對方的愛，自滿的人沒有生命的成長。

- 憨山稱這四種人為「一曲之士」。

- 其在道也，曰餘食贅行：

餘食，吃剩下的東西。

贅，贅肉。

贅行，滿身肥肉抖來抖去的趴趴走。

老子罵人很毒！

‧物或惡之：有道者所惡之物。

第二十五章
道的模樣

　　有物混成，先天地生，寂兮寥兮，獨立而不改，周行而不殆，可以為天下母。吾不知其名，字之曰道，強為之名曰大。大曰逝，逝曰遠，遠曰反。故道大，天大，地大，王亦大。域中有四大，而王居其一焉。人法地，地法天，天法道，道法自然。

・有物混成：道的整體性、一體性。
　有個東西渾然天成。
・先天地生：道的先驗性。
・寂兮寥兮：道的隱藏性。
・獨立而不改：道的穩定性。
・周行而不殆：道的普遍性。
　周行，普遍流行。
　殆，窮盡。
・可以為天下母：道的生發性。
　遍照萬物。
・強為之名曰大：道的廣大性。
　強予之名曰大道。
・逝：沒有邊際。
・遠：極高明。
・反：返也，返家。回歸道體覺性。
　再高明的專業必須返回生活，再偉大的行動必須回歸空無。

中國文化幾千年來的努力就是不讓專業異化，回歸專業生活化。

現代西方式的專業沒有交代專業與整體的關係。

三個回歸──回歸空無，回歸覺知，回歸生活。

・王：天人地一貫。通貫三才之道。

・人法地：人文是從大自然走出來。

・地法天：大自然的現象離不開形而上的原理。

・天法道：形上之理來自終極本體與如來自性。

・道法自然：道法自然的意思是道的本體是從無的功夫中浮現出來。

回到無中生有的功夫論。

回到老學核心──無。

回到四個字的前兩個字──無→覺。

第二十六章
身心輕重

　　重為輕根，靜為躁君。是以聖人終日行，不離輜重。雖有榮觀，燕處超然。奈何萬乘之主，而以身輕天下？輕則失本，躁則失君。

- 重為輕根，靜為躁君／輕則失本，躁則失君：
  這四句是本章之重。
  憨山註有四個字很關鍵：「性為形本。」又說：「齊物以身為臣妾，以性為真君，源出於此。」
  就是心重身輕、心靜身躁、心本身末、心君身臣、心寧身動、心主身從的相對性。
  但並不是說身體不重要，而是要抓穩心與身的主從關係。
  所以心最好是貴重的、靜態的、主題的、主導的。
  相對身最好是輕盈的、動態的、工具的、配合的。
  心靈是需要寧靜的，身體是一個需要動才會快樂的東西。
  →延伸一：身、心、靈→鬆、靜、空。
  →延伸二：奧修的「小心不要讓僕人變主人。」老子就叫躁則失君。
- 是以聖人終日行，不離輜重：這是一個比喻。
  憨山註：「輜重，兵車所載糧食者也。」這是三軍之重。
  心靈的學習是人生的輜重。
- 雖有榮觀，燕處超然：
  儘管情勢很榮景，但大德者卻很安然的超越物質的標準。
  經濟標準不是最高標準。
- 奈何萬乘之主，而以身輕天下：這句一定是有當時的具體事件。

第二十七章
有道者的行止

　　善行無轍迹，善言無瑕讁，善計不用籌策，善閉無關楗而不可開，善結無繩約而不可解。是以聖人常善救人，故無棄人；常善救物，故無棄物。是謂襲明。故善人者，不善人之師；不善人者，善人之資。不貴其師，不愛其資，雖智大迷。是謂要妙。

・善行無轍迹：
　1. 不留名的意思。
　〈俠客行〉：「事了拂衣去，深藏身與名。」
　四十一章：「建德若偷。」
　事情做了就走，不留任何痕跡。
　2. 渾然天成的意思。
　應世手段，高明圓熟，毫無破綻，無跡可循。
　憨山註：「聖人虛己遊世，不與物忤，任物之自然，所謂忘於物者物亦忘之。彼此兼忘，此行之善者，故無轍跡。」
　兼忘！好功夫！
・善言無瑕讁：
　瑕，瑕疵，玉病。
　讁，批評。
　憨山註：「瑕讁，謂是非辨別，指瑕讁疵之意。聖人無意必固我。」
　因材施教，因人而言，即事言理，不事空談。概念必有破綻，只有切入真實的情境講話，才是美好的語言——善言。這是所謂的「情境講

話法」。

· 善計不用籌策：

籌策，計算用的竹片。

善計，用心感通，不通過理性，不苦慮而得。

十章說的「玄覽」。

· 善閉無關鍵而不可開，善結無繩約而不可解：

關鍵，憨山註：「閉門之具，猶言機關也。」

繩約，繩結中最要緊的環節。

用智用巧，機關算盡，總有窮盡。至於關鍵、繩約、打開一個有道者心懷的通關密碼是什麼？老子沒有說。

· 聖人常善救人，故無棄人；常善救物，故無棄物：

關鍵字是「善」。

· 襲明：1. 襲天道之明。2. 襲本心之明。

· 善人者，不善人之師：不善者以善為道者為師。

· 不善人者，善人之資：

1. 資助不善者的生命成長。

2. 善者通過對不善者的幫助，學習生命成長的經驗與資糧。

· 不貴其師，不愛其資：

師生關係的一體性。彼此相助對方的生命成長。

· 雖智大迷：破壞師生的一體性，程度再高，也是一大迷失。

· 是謂要妙：要，《說文解字》指「身中也。」要就是腰。

要就是雙手交叉的人形。

要妙，就是很自信的人格之妙，精要之妙。

要妙指的是師生一體性的道理。

第二十八章
Enjoy 光明，學習陰影

　　知其雄，守其雌，為天下谿。為天下谿，常德不離，復歸於嬰兒。知其白，守其黑，為天下式。為天下式，常德不忒，復歸於無極。知其榮，守其辱，為天下谷。為天下谷，常德乃足，復歸於樸。樸散則為器，聖人用之，則為官長，故大制不割。

· 這一章其實是老子的陰陽之道、陰陽哲學。
　主題就是：enjoy 光明，學習陰影。

· 整章的結構如下：
　知雄／守雌→天下谿→常德不離→復歸於嬰兒
　知白／守黑→天下式→常德不忒→復歸於無極
　知榮／守辱→天下谷→常德乃足→復歸於樸→樸散為器，大制不割
　「知／守」是知陽守陰，「天下 X」是守陰功夫的影響，「常德」是天下典範的境界與質地，三個「復歸」是最深的功夫，最後的八個字「樸散為器，大制不割」則是從內聖到外王的老子政治哲學。

· 知其雄，守其雌，為天下谿：
　憨山註：「物無與敵謂之雄，柔伏處下謂之雌。」
　了解自己的英雄氣概，守好內在的柔弱心靈。
　憨山註：「眾水所歸之處也。」所有智慧匯聚的所在。在哪裡？在心谿。

- 常德不離：

  常德，經常不變的內在功夫。當然就是指無的功夫。

  憨山註：「受而不拒，應而不藏，流潤而不竭，故曰常德不離。」不拒（A）不藏（-A）是陰陽功夫，不竭是效應。

- 復歸於嬰兒：

  嬰兒的生命狀態是天真、接近佛、左腦未全開發、純粹的生命狀態。

- 知其白，守其黑，為天下式。為天下式，常德不忒，復歸於無極：

  憨山註：「白，謂昭然明白，智無不知之意。黑，昏悶無知之貌。式，謂法則。忒，差謬也。」

  了解自己的聰明，守好內在的傻瓜。

  奧修《禪卡》：「就道家或禪宗的意味而言，要成為一個傻瓜，就不要試圖在你的周圍創造出一道知識的牆。不論什麼經驗來到你身上，要讓它發生，然後繼續將它拋掉。繼續清理你的頭腦，繼續拋掉過去，好讓你能夠停留在此時此地，就好像你是剛生下來一般，只是一個嬰孩。」

  無極，無的極至，無邊無際的空無。

- 知其榮，守其辱：

  享受人生的榮光，守好忍辱的智慧。

  痛苦→忍辱→沉澱→智慧。（《易經》談很多。）

  痛苦智慧，忍辱波羅蜜。

- 樸：未雕琢的原木。

  《蘇菲之路》：「蘇菲，是脫去外殼的真理。」

- 樸散則為器，聖人用之，則為官長，故大制不割：

  老子式的官必須是樸素的。

  壯偉的制度必然是不割裂的——生態、人性、經濟、民生、文化、學術的不割裂。

‧整理成幾句精要的話：

了解自己的英雄氣概，守好內在的柔弱心靈。

了解自己的聰明，守好內在的傻瓜。

享受人生的榮光，守好忍辱的智慧。

當官的必須是樸素的，壯偉的制度必然是不割裂的。

第二十九章
不可為與聖人三去

將欲取天下而為之，吾見其不得已。天下神器，不可為也，為者敗之，執者失之。故物或行或隨，或歔或吹，或強或羸，或載或隳。

是以聖人去甚，去奢，去泰。

- 為：人為的、慾望的、刻意的、目的導向的行動。

  人為的行動是低效的行動，無慾的行動是善巧的策略。

- 吾見其不得已：我看這樣的亂搞是沒完沒了了。

- 神器：有二解——

  1. 指國器。2. 指道心。

- 為者敗之，執者失之：

  從修行的角度，敗與失之後呢？

  奧修模型：瘋狂的修道→頹然的失道→得道於不是偶然的偶然。

  　　　　　（有為）　　　（無為）　　　　　（無中生有）

- 行、隨、歔、吹、強、羸、載、隳：

  先行、隨後、哈暖氣、吹冷風、強勢、弱勢、承載、顛覆。

  大宇宙有祂一定的節奏，意思是：盡量不要用力，好好跟隨。

- 聖人三去：甚、奢、泰。

  甚，做人太超過。

  奢，生活太浪費。

  泰，日子太平安。

附文

存在安排的每一個當下必然是最深刻而完整的！

老子第二十九章說：「天下神器，不可為也，為者敗之，執者失之。故物或行或隨，或歔或吹，或強或羸，或載或隳。」

神器有二解：1. 指國器。2. 更指道心。

為者敗之，執者失之：刻意做一定失敗，越執著越會失去。

為就是人為的、慾望的、刻意的、目的導向的行動。

人為的行動是低效的行動，無慾的行動是善巧的策略。

這個「行、隨、歔、吹、強、羸、載、隳」就是先行、隨後、哈暖氣、吹冷風、強勢、弱勢、承接、顛覆。

大宇宙有祂一定的節奏，意思就是：盡量不要用力，盡量不要介入人為的干預，好好跟隨祂，生命一定會到達她要到達的地方。

鼠、牛兩年，師門迭生變故，我安慰同門說：「我們無法選擇，只能面對當下，存在安排的每一個當下必然是最深刻而完整的。」聽老子的話：或先行、或隨後、也許哈暖氣、也許吹冷風、或強勢、或弱勢、maybe 承接、maybe 顛覆……全然接納大存在的每一個安排，好好學習每一個當下！

第三十章
反戰思想

以道佐人主者，不以兵強天下。其事好還，師之所處，荊棘生焉，大軍之後，必有凶年。善者果而已，不敢以取強。果而勿矜，果而勿伐，果而勿驕，果而不得已，果而勿強。物壯則老，是謂不道，不道早已。

· 以道佐人主者，不以兵強天下：

《論語・顏淵篇》記載子貢問政，孔子舉出「足食、足兵、民信」三個條件，三個條件中又以兵（國防力量）最不重要，可以先去。在有道者眼中，軍事是很低順位的概念。

· 其事好還：

還，復也。

《易經・泰卦》：「无平不陂，无往不復。」

任何事情都會回來的。你怎麼對待這個世界，這個世界就會怎麼對待你。

只要不發生戰爭，不走軍國主義路線，不鬧僵，事情總有回轉餘地。軍國主義有許多副作用，善戰者終必嚐到戰爭的苦果。例如：唐朝、蒙古、拿破崙、希特勒、日本……

· 善者果而已：

善用兵者得到戰果見好即收，顯示力量就夠了，善於止，不窮追猛打。

這是老子用兵原則：見好就收法。

憨山註：「果，猶言結果。俗云了事便休。謂但可了事令其平服便休，不敢以此常取強焉。」

・要小心果的副作用：

勿矜，不要自我主義。

勿伐，不要臭屁。

勿驕，不要驕傲。

不得已，別不懂得見好就收。

勿強，不強勢。

・物壯則老，是謂不道，不道早已：

壯大的原則是成長，壯大不能只是赤裸裸的暴力，力量必須伴隨著成熟才是真正的力量，缺乏內在成熟的力量終將僵化（老）。

不道，反真理。

早已：1. 提早完蛋。2. 趕快停止（不道的情形）。

單純的暴力必然僵化，這是反真理原則，反真理一定提早完蛋。

憂患一生的張學良對日本年輕人說：不要迷信暴力，歷史已經證明，暴力從來無法解決問題。

第三十一章
慎戰思想

　　夫佳兵者，不祥之器，物或惡之，故有道者不處。君子居則貴左，用兵則貴右。兵者不祥之器，非君子之器，不得已而用之，恬淡為上。勝而不美，而美之者，是樂殺人。夫樂殺人者，則不可以得志於天下矣。吉事尚左，凶事尚右。偏將軍居左，上將軍居右，言以喪禮處之。殺人之眾，以哀悲泣之，戰勝以喪禮處之。

・佳兵：精銳部隊。

　軍隊愈精良，殺人能力愈強。

・物：一說指人。

・用兵則貴右：以右為貴，表示凶事。見下文。

・恬淡：

　憨山註：「恬淡者，言其心和平，不以功利為美。」

　相反，全世界最大的軍火輸出國，販賣戰爭的邪惡帝國。

・凶事尚右：

　所謂凶事：1.指凶險之事。2.指喪禮。

・上將軍居右：武將官愈大，氣愈凶。

・戰勝以喪禮處之：好主意！

第三十二章
以道治國

道，常、無名、樸、雖小，天下不敢臣。

侯王若能自守，萬物將自賓。天地相合以降甘露，民莫之令而自均。

始制有名，名亦既有，夫亦將知止。知止，所以不殆。譬道之在天下，猶川谷之於江海也。

第一節　說道

·第一節說了道的四個特性。

·常：有二義。

　1. 恆常──不窮盡性。2. 尋常──生活性。

·無名：回到人性四元論，無名的意思指不被「群性我／假我」限制。

·樸：

　憨山註：「樸，乃無名之譬。木之未制成器者，謂之樸。若制而成器，則有名矣。」

　《說文解字》：「樸，木素也。」段注：「素猶質也。以木為質，未彫飾。」

　《蘇菲之路·蘇菲》：「蘇菲，就是脫去外壳的真理。」

　樸是道的原始狀態。

·雖小，天下不敢臣：

　真理還沒學問化，一般人會覺得很抽象、很難懂、好像力量很小。

　但誰敢當真理的老大。

第二節　以道治國，三「自」原則

- 西方文化說「自由」，相對的，老子說「自守」、「自賓」、「自均」。老子的「三自」是更謙虛的生命狀態，更不彼此傷害的自我要求。

  老子說以道治國，即會出現三「自」效應。

- 自守：再怎樣的參與公事務，

  　　　還是要堅定的守好道。

- 自賓：不敢自以為是，

  　　　不敢自我膨脹，

  　　　不敢老大心態。

- 自均：老天運行會自行調節，

  　　　民間問題讓民間解決。

- 自守是真理態度，自賓是文化態度，自均是生態態度。

  當官不信天是反真理：舉頭三尺有神明啊！別不信！抬頭看，有更高的存在在盯著。

  老大心態重是反文化：文化態度一定是懂得尊重別人的。

  政府管太多是反生態：讓自然生態決定，讓市場生態決定，讓文化生態決定，而不是由政治正確決定。

第三節　始制有名

- 始制有名：

  可見老子並不排斥有名，只是要讓有名、無名各安其位。

  達至自守、自賓、自均之後，可以開始制作「有名」之治——有名指群性我的種種機制，例如：財經、教育、建設、文化、交通、軍事種種國家機制。

‧知止：有名的機制，最重要是懂得停止與分寸。

不要讓群性我的社會機制過度發展以致傷害神性我的生命本質。

像：法令不趨嚴苛，學問不趨繁瑣，物慾不趨放縱，做事不趨表面，建

設不趨污染……

‧殆：危險。

附文

國難日讀《老子》

　　西方文化說「自由」，相對的，老子說「自守」、「自賓」、「自均」。「自由」是釋放觀念，老子的「三自」是更謙虛的生命狀態，更不彼此傷害的自我要求。東方文化的老子，是更柔軟謙和的。

　　老子說以道治國，即會出現三「自」效應。

- 自守：再怎樣的參與公事務，
　　　　還是要堅定的守好道。
- 自賓：不敢自以為是，
　　　　不敢自我膨脹，
　　　　不敢老大心態。
- 自均：老天運行會自行調節，
　　　　民間問題讓民間解決。

　　這三「自」，對為政的，對為民的，都適用。尤其，權力愈大，愈該低頭——對真理低頭，對文化低頭，對賢者低頭，對專業低頭，對人民低頭，對自己內心的良知低頭。

　　自守是真理態度，
　　自賓是文化態度，
　　自均是生態態度。

　　當官的不信天是反真理：舉頭三尺有神明啊！別不信！抬頭看，有更

高的存在在盯著。

要懂得自守。

執政者的老大心態是反文化：文化態度一定是懂得尊重別人的，文化態度一定是能夠尊重異見的。我說的才算，是霸權。

要修養自賓的禮讓謙退。

政府管太多是反生態：讓自然生態決定，讓市場生態決定，讓文化生態決定，而不是由政治正確決定。

要學會自均啊──尊重民間的力量與生機，只有極權統治，才是去「管」老百姓的。諷刺的是，許多新上台的政府常常「努力」去成為他們以前所痛恨的人。

這就是老子的教訓。沒用？也許現代人都太強調有用了。太溫和？也許現代社會都過份強調霸道的價值。管好自己吧，每個人都各安其位的用心管好自己，人間的雜音噪訊，就會清靜許多。

第三十三章
有道者的生命方向

知人者智，自知者明；勝人者有力，自勝者強。
知足者富，強行者有志；不失其所者久，死而不亡者壽。

第一節是相對性提法 —— 一反一正。
第二節是平行性提法 —— 一正一正。

第一節　自知、自勝

· 知人者智：

《史記·孔子世家》：「適周問禮，蓋見老子云。辭去，而老子送之曰：吾聞富貴者送人以財，仁人者送人以言。吾不能富貴，竊仁人之號，送子以言，曰：聰明深察而近於死者，好議人者也。博辯廣大危其身者，發人之惡者也。」

照老子的說法，聰明與知人可能是很危險的——精明外露的凶險。

注意：在上一段《史記》的記載，時人稱老子為仁人，不是隱士。

《史記·老子列傳》也有記載：「良賈深藏若虛，君子盛德容貌若愚。」

愚、智相對：愚指收斂的修養，智是外露的精明。

事實上老子並沒有否定知人的厲害，只是警告太厲害是一種危險。

· 自知者明：這一句是有道者的生命方向。

憨山註：「莊子云，所謂見見者，非謂見彼也，自見而已矣。所謂聞聞者，非謂聞彼也，自聞而已矣。能自見自聞，是所謂自知者明也。」

《韓非子‧喻老篇》:「楚莊王欲伐越,杜子諫曰:王之伐越何也?曰:政亂兵弱。杜子曰:臣愚患之。智如目也,能見百步之外而不能自見其睫。王之兵自敗於秦、晉,喪地數百里,此兵之弱也。莊蹻為盜於境內而吏不能禁,此政之亂也。王之弱亂非越之下也,而欲伐越,此智之如目也。王乃止。故知之難,不在見人,在自見。故曰:自見之謂明。」

西諺:「如果我們不能了解靈魂的語言,耳目所聞,盡屬虛妄。」

希臘阿波羅神廟門前銘文:「了解你自己。」

尼采:「閱讀自己比閱讀書本重要。」

可見自我了解,是一段需要長時間的修煉,也是中西文化同樣重視的生命大工程。

真正的真知灼見,是聽到內在真實的呼喚。

了解他人的是聰明人,了解自己才能點亮心中的明燈,點亮心中的明燈才能照亮人生的明路。──這就是《聖經》所記載所羅門王的禮物「了解」、也是道教的「性命雙修」。

‧勝人者有力:

智勝,財閥之流。水星之力☿。

力勝,藍波之流。火星之力♂。──孔子說的「北方之強。」

‧自勝者強:這一句是有道者的生命方向。

老子定出「勝人」與「自勝」──打敗敵人與超越自我兩個方向。

《蘇菲之路》說有兩種勇敢:1. 敢與大象搏鬥的人。2. 在盛怒中不失言的人。

《中庸》也說:「子路問強。子曰:南方之強與?北方之強與?抑而強與?寬柔以教,不報無道,南方之強也,君子居之。衽金革,死而不厭,北方之強也,而強者居之。故君子和而不流,強哉矯!中立而不倚,強哉矯!國有道,不變塞焉,強哉矯!國無道,至死不變,強哉矯!」──分成南方之強與北方之強。

人生最大的敵人是自己！普通人一生都受性格的牽制、左右、擺佈、糾纏——命運。強者就是能夠突破性格限制的人。

第二節　富、有志、久、壽

· 知足者富：富有是內在的，貪婪的人永遠貧窮。

　　內在越穩定，安全感越強，生命越富有。

· 強行者有志：強不是勉強，是強力的意思。

　　強行者，用功學道，用功用世的人。

· 不失其所者久：「所」有二義——1. 理想、原則。2. 內在的成熟。

· 死而不亡者壽：真正的壽數不只在現世的生命。

　　重點還是在心性的開發。

　　第一節才是重點。

　　有道者之道的精義在返回自己——自知者明，自勝者強。

第三十四章
大道與聖人

　　大道氾兮，其可左右，萬物恃之以生而不辭，功成不名有，愛養萬物而不為主。常無欲，可名於小；萬物歸焉而不為主，可名為大。

　　是以聖人終不為大，故能成其大。

第一節　大道的不辭不有

・大道氾兮：真理大海，若浮若沉，似有還無，無有斷絕。
　憨山註：「氾者，虛而無著之意。」無著，沒著落，沒停留。
　氾字一針見血！有無虛實互生，在天上曰大道，在人間曰玄境。

・其可左右：道體無形，人用之於左則左，人用之於右則右，人形之以方則方，人形之以圓則圓，或稱之為儒則儒，或稱之為佛則佛，或導之以東則東，或導之以西則西……大道無形，隨心而用。
　終極真理的開放、自由、不設定、隨緣生。

・萬物恃之以生而不辭，功成不名有，愛養萬物而不為主：
　恃，倚仗。
　不辭，不辭勞苦。
　不名有，不以為有功。
　不為主，不主宰。
　不管是什麼人都必然倚仗她，她卻總是「說」不辛苦。
　每件事的完成都不能沒有她，她卻不覺得自己有功勞。
　每個存在都得到她的愛與養，她卻不認為自己是老大。

・常無欲，可名於小：

　　沒有生命方向（無欲）的，可以談說的就微不足道了。

・萬物歸焉而不為主，可名為大：

　　萬物都歸宗大道但真理不會主宰眾生，這是真理大道的浩瀚寬廣。

第二節　聖人的終不為大

・聖人終不為大，故能成其大：

　　這是奧修說的陰陽之道——越做 A，越會-A，反之亦然。

　　心中沒有偉大，才有可能成就偉大；

　　心中沒了計畫，才有可能兌現計畫；

　　心中沒有輸贏，才有可能超越輸贏；

　　心中沒有期待，才有可能實現自由。

　　心中做到空空如也，才有能耐無中生有。

　　憨山註：「是以聖人忘形釋智，圖於至細，志與道合，終不為大，故能成其大。」

附文

偉大浩瀚的存在常常是沒有固定的形式的

有時候愛會以批判的形式現身。

有時候愛的氛圍不是溫暖，而是耿直。

有時候溫和不是愛，而是另一種形式的殘忍。

只有善良是不夠的，善良永遠不夠。

缺乏理性判斷的善良可能不是真正的善良。

事實上愛從來沒有規定她自己，愛從來不是形式上的溫情主義。

當我們認為什麼是愛，什麼不是愛，其實我們只擁有「認為」。

一段佚名的智慧格言說：

「如果尖銳的批評完全消失，溫和的批評將會變得刺耳。

　如果溫和的批評也不被允許，沉默將被認為居心叵測。

　如果沉默也不再允許，讚揚不夠賣力將是一種罪行。

　如果只允許一種聲音存在，那麼，唯一存在的那個聲音必然是謊言。」

從更深的層面去說，道與愛，是一件事，一體兩面。

道是天上的愛，愛是人間的道。

也許，「道」凸顯普遍性，「愛」指出一體性。

不管稱為道或愛，都是天然的存在，但人很擅長破壞自然。

當一些惡劣的破壞行為讓人群嚴重違背一體性時，就會出現另一種道行或愛行出現去校正，於是歷史上許許多多不得已的「衝撞」就發生了。

原來，有時候衝撞是為了回歸大道與一體性。

原來，衝撞與批判有時候是一種愛。

當須要溫和時衝撞是一種傷害。

當須要衝撞時溫和也是另一種傷害。

老子說：「大道氾兮，其可左右。」

說得真好！老子真是悟道人。

大道氾兮：真理大海，若浮若沉，似有還無，無有斷絕。

道是無著的，沒有著落，沒有停留在任何一種形式。

氾字一針見血！有無虛實互生，在天上曰大道，在人間曰玄境。

其可左右：道體無形，人用之於左則左，人用之於右則右，人形之以方則方，人形之以圓則圓，或稱之為儒則儒，或稱之為佛則佛，或導之以東則東，或導之以西則西……大道無形，隨心而用。

終極真理與愛都是開放、自由、不設定、隨緣生的。

所以，含情脈脈是愛，犯顏陳抗也可以是愛。

「關雎」是《詩經》的愛，「相鼠」也是《詩經》的愛。

《贈衛八處士》說的是故人的愛，《兵車行》、《茅屋為秋風所破歌》則是暗罵政府的愛。

情詩可以是愛，諷刺詩是另一種愛。

甘地的不抵抗是愛，孫文的不放棄也是愛；前一種愛是為了盡量不流血，後一種愛是為了不要再流更多的血。

擁抱一個孩子是純粹的愛，而制止一個人不讓他去傷害更多的人是無奈而痛苦的愛。

真理與愛從來沒有自我設限，真理與愛從來都是月映萬川，真理與愛從來沒有固定的形式……

心懷良善，可以是款款深情，也可能是怒目橫刀。為了護持不該被傷害的哀哀生民，為了護持不該被霸凌的弱勢百姓。

所以，擁抱可以是愛，刀鋒也可以是愛。

愛者，一也；刀者，道也。

心懷良善，拔刀相向。

所有偉大浩瀚的存在，常常是沒有固定的形式的。

第三十五章
道的影響與滋味

　　執大象，天下往，往而不害，安平泰。

　　樂與餌，過客止。道之出口，淡乎其無味，視之不足見，聽之不足聞，用之不可既。

第一節　無為而治

・大象：

　　憨山註：「無象，謂之大象。大象無形，而能入眾形，有形者無不歸。」
——無形卻核心的指導力量。

　　對終極層面來說，是無形無相卻包羅萬象的道。

　　對一個國家來說，就是指立國精神或憲法精神。

　　對人的一生來說，就是不停歇的切磋琢磨的德。

　　對生命成長來說，就是最核心與最內在的心法。

・天下往：

　　整個天下都奔向大象的磁性中心。

　　《論語・為政篇》：「為政以德。譬如北辰，居其所而眾星共之。」就是「近悅遠來」的意思。

　　「為政以德」當然就是德治，「居其所」指不動、無為之治。

　　用成熟要求自己與面對他人＋不要管太多＝發出磁性中心的吸力。

　　德治與無為之治的儒道對話。

・往而不害：沒宰制性與壓迫感，讓民間保留多元充沛的生命力，是傳統

理想施政的重要原則。政府不要管太多，把人民教育到一定程度，就該放手。

· 安：身心安頓。

平：無惡性競爭。

泰：上下感通（譬如理想與現實、政府與人民、老闆與員工、老師與學生……之間的感通。）

第二節　道的口感

· 樂：流行曲。

餌：美食。

過客止：流行文化有很大的吸引力，過路的人也停下來。

· 道之出口，淡乎其無味，視之不足見，聽之不足聞，用之不可既：

道淡無味，但有真味。

沒有看頭，但耐讀耐看。

並不悅耳，但具備穿透的召喚力。

更重要是怎麼用都用不完啊！（既，盡也。）

道在哪裡？──

道在一杯用心純淨的好茶（vs 罐裝茶），

道在一席菜餚的適當（vs 鋪張與浪費食物），

道在一份優雅的氣質與教養，

道在故事性不強卻風格洗練的藝術觸感，

道在舉箸之間的文雅，

道在一個適當好看的動作，

道在並不熱鬧繁華、鋪天蓋地的泠泠琴弦上，

道在一句沁心醒心的話語，

道在生活上的用心用情，

道在人間沒有條件的關懷，

道在⋯⋯

道不在哪裡，道就在每個當下片刻的無、覺、在、行。

第三十六章
陰陽之道與柔弱之道

　　將欲翕之，必固張之；將欲弱之，必固強之；將欲廢之，必固興之；將欲奪之，必固與之。是謂微明。

　　柔弱勝剛強，魚不可脫於淵，國之利器不可以示人。

　　陰陽哲學並不是老子濃重著墨的地方，這一章談論陰陽哲學卻談得很深入。

第一節　陰陽之道

・將欲翕之，必固張之；將欲弱之，必固強之；將欲廢之，必固興之；將欲奪之，必固與之：

翕，音ㄒㄧˋ。《說文》訓「起也」。鳥起必先合其羽，此取「合」義。

固，強固。

要害一個人，先給他一億美元？歷史上許多要腐化一個人的例子，就先給他許多財寶、美女、名馬、器玩……

憨山註：「天下之物，勢極則反。譬夫日之將昃，必盛赫。月之將缺，必極盈。燈之將滅，必熾明。斯皆物勢之自然也。故固張者，翕之象也。固強者，弱之萌也。固興者，廢之機也。固與者，奪之兆也。」「勢極則反」，憨山這句說得準！

許多人因為這一章誤會老學是陰謀論。

王弼認為是在談去惡之法。其實……

・翻譯：

想要收斂某種形勢，先行大張旗鼓；

想要削弱某種勢力，先鼓勵它膨脹；

想要廢掉某種力量，先行讓它興起；

想要奪取對手力量，先給他吃甜頭。

（老子的「手段」用得最好的，好像是美國！

美國掠奪世界的「策略模式」／美國經濟侵略「農耕四部曲」：

投資→興起→掠奪→焦土

當一個國家的 GDP 小於美國 GDP 的百分之六十時，美國的友善是可能存在的，友善的條件是聽話。當一個國家的 GDP 超過美國 GDP 百分之六十時，最陰險狠辣的手段就會出來。例如：日本的迷失三十年／中美貿易大戰／反送中都是不同形式的焦土政策。）

・這一章《老子》其實是在談陰陽之道、陰陽哲學。

參考拙著《懸劍集》的〈一個學道實錄與 N 形實修模型〉：

「下面就是筆者所領悟的「N 形實修模型」。英文大寫 N 字的一直線＋一斜線＋一直線，筆順從下而上＋從上而下＋從下而上，其實就是陰陽能量的跳躍、穿透與升階。模型如下：

1. 當一個極端發展到飽和、極至。

2. 會自行（或透過一個契機的觸動）發生跳躍。

3. 進一步穿透並推動另一個極端。

4. 當另一個極端持續成長到飽和、極至。

5. 就會帶動整個系統升階至更高層級的系統。

這就是「一陰一陽之謂道」的真正意思——出現能量提升的「通道」。

例如：混亂／創造→平靜／穩定

例如：至高／高明→至卑／謙虛

例如：怨外不平→心平自省

例如：尊德性→道問學（實修到極致會跳躍到知識的成長）

例如：極高明→道中庸（出凡入聖與高深領悟會跳躍到出聖入凡與和光同塵）

例如：至廣大→盡精微（宏觀的視野會跳躍到尊重個別性）

上述的舉例皆反之亦然。

所以，也可以這麼說：

讓心傷透吧，靜好的歌聲不遠了。

讓日子徹底混亂吧，平靜的步履在眼前了。

讓懦弱到盡頭吧，勇者的背影隱約可見了。

讓冰冷的理性降至冰點吧，依稀可聽到充盈情感的心跳了。

讓不好的日子繼續不好下去吧，好事的徵兆隱隱躍動了。

讓好的時光好到無聊吧，老天要給你一個深刻的契機了。

讓熱血到達極至吧，冷靜的沉思蠢蠢欲動了。

讓勇敢超睄到亂闖吧，就要逼出學習穩重的需要了。

讓無聊到了無意義吧，創造力即將爆發了。

讓和平主義變成盲目的習慣吧，有意義的碰撞就要發生了。

──關鍵是：讓它飽滿、跳躍、穿透、生長……

讓某個狀態蛻變成不是它自己……」

・微明：這個觀念很微妙！

上述講的「N形實修模型」中，發生跳躍之前，會出現很微弱與很微妙的幾、空隙、斷層、間隔──就是「微明」。

唯成熟者能知幾，敏感的心才能看見微明。

宋廓庵禪師《十牛圖》：

「一、尋牛　　茫茫撥草去追尋

　　　　　　　水闊山遙路更深

　　　　　　　力盡神疲無處覓

但聞楓樹晚蟬吟」

「晚蟬吟」就是微明。

問題是：你聽得到嗎？什麼時間會聽到呢？

第二節　柔弱之道

・柔弱勝剛強：

四十章「弱者道之用」。

柔弱：南方之強、柔軟的內在狀態、君子用謙。

剛強：北方之強、現實一時的囂張、小人用壯。

・魚不可脫於淵：

微明、魚──柔軟的力量。不一定是弱點。

淵，深邃的心靈，心靈深淵。

魚跳離水面，尾巴揮幾下，很有勁，但是是非常暫時的。

成長者不能離開心之道，就像魚不能離開水。

・國之利器不可以示人：

國，心靈之國啊！成熟者的國度。

不可以示人的原因：1. 一說，一示人，就會降低層次。

　　　　　　　　　　2. 誤導。所以法不傳六耳，修法的獨特性。

　　　　　　　　　　3. 引發聽者的嫉妒心。

・小結：柔弱之道必須來自心靈。

　　　　柔弱境界必須要低調。

第三十七章
無為與自性的因果關係

　　道常，無為而無不為。侯王若能守，萬物將自化。化而欲作，吾將鎮之以無名之樸。無名之樸，亦將不欲，不欲以靜，天下將自正。

◎無為與自性的因果關係：無為、無名之樸→自守、自化、自正

・道常：「常」有二義，真理的兩個屬性。
　1. 恆常──不窮盡性。2. 尋常──簡易性。
・無為而無不為：在無為的基礎上無不為。

　　無為→道→無不為
　　　無　　覺　在・行

　　無為為體，無不為為用。
　　無・覺為體，在・行為用。
　　「無」的功夫論，真是老學最大的特點。
　　在內心沒渣滓、雜質、執著、私念，一片寂靜、空靈的精神狀態下，發出極富彈性、靈活的應世用世。
　　第一章的「常無，欲以觀其妙」──無就是無為，妙就是無不為。
　　無為而無不為，《道德經》中很有代表性的一句話。
・自守：守住「無為而無不為」的道理。
・自化：自我成長，自我教化。

自化是中國文化政治、教育上的一個根本原理。

成長必須有強烈的主動性才算成長，民間的問題讓民間解決，學生的問題讓學生面對。一個教化者不是不做事，政策一樣推動，學校一樣辦，文化一樣推廣……但真正的教化者必然抱著「自化」的原則，像：

《老子》：「為而不恃，長而不宰，功成而弗居。」

《易經》：「匪我求童蒙，童蒙求我。」

《易傳》：「用晦而明。」

《禮記・學記》：「道而弗牽，強而弗抑，開而弗達。」

教化者退居第二線，重點是協助成長，不是強制灌輸知識。

・化而欲作：

民間如果太活潑自由，時間久了一些人為造「作」又跑出來了。

例如：大家樂、六合彩、跑馬、牛肉場、特種營業、網紅、網美、包養、夜店、傳播妹、名車、蘋果、名牌……

老子很懂人性，只是說「作」，沒有嚴厲的批判。

「作」比較是負面用字，人為造作；「為」比較是正面用字，自然行動；乍是止義，作就是停下太多人為的東西，為是二母猿相對，意思指自然行為。

・鎮之以無名之樸：

樸是道的原始狀態。

不通過嚴苛的法令去禁止，而是回到生活樸素的感覺與品味。

無名是沒有自我。

清人魏源：「無名之樸者，以靜鎮動，以質止文，以淳化巧。」

・自正：各安其位，面對自己的成長。

第三十八章
無為之道／失德人間

上德不德，是以有德；下德不失德，是以無德。

上德無為而無以為，下德為之而有以為，上仁為之而無以為，上義為之而有以為。上禮為之而莫之應，則攘臂而仍之。

故失道而後德，失德而後仁，失仁而後義，失義而後禮。

夫禮者，忠信之薄，而亂之首。前識者，道之華，而愚之始。是以大丈夫處其厚，不居其薄；處其實，不居其華。故去彼取此。

道經第一章表面說道，更深層的在講無為。

道經第二章講僵化。

德經第一章表面說德，更深層的在講無為。

第一節　德的關鍵在有沒有「失德」
──失德者有，不失者無

・上德不德，是以有德：

定義一下「德」：每個行者面對獨特的際遇、環境、關係[1]，生命力用出來[2]，心靈沒有成見[3]、適當的介入[4]，所得到的經驗，就是德[5]。

（1 是指生命的獨特性。2 是儒家原則。3 是道家原則。4 是準確的概念。5 的德是自然人蛻變為人文人的關鍵。）

上德，上德之士。

不德，不以德為德，不執著美好經驗或不執著德之名。

是以有德，是真正的有德之士。

德的經驗很踏實，但仍不能執著，一執著，就僵化。

「僵化五部曲」：1. 認同→2. 執著→3. 僵化→4. 被過去一直一直抓住→5. 更可怕的是用這個被抓住的經驗去一直一直壓制、捆綁、抓住他人！

・下德不失德，是以無德：

下德，下德之人。

不失德，不能放下德，執著美好的經驗或執著德之名。

是以無德，所以沒有真正的心得與成長。

・失：「失」是關鍵字，指放棄成見，不執著的含義。

真或偽的關鍵就在能不能「失」。

第二節　四等人

・上德無為而無以為（第一等人）

上仁為之而無以為（第二等人）

下德為之而有以為（第三等人）

上義為之而有以為（第三等人）

上禮為之而莫之應，則攘臂而扔之（第四等人）

──都是想做好人的人。

・無為是內在的無雜染、思無邪。

無以為是外在的沒有硬做、刻意。

有以為就是外在的硬做、刻意。

攘臂，捲起袖子，露出手臂。扔，同扔，拋物曰扔。意思是世人聽到禮都不甩，捲起袖子隨手丟掉。

・第一等人：內、外在都乾淨──淨念梵行。

（清淨的愛，準確的愛，成熟的愛。）

第二等人：內心還是有做作，但外在的愛是寬厚的。

（會傷心的愛。）

第三等人：內在好多想法、意見，外在好多計畫、要求。

（有副作用的愛，傷人的愛。）

第四等人：內心好多規矩，外在沒人理會！

（分裂的愛。）

你是哪一等好人？你發出的是哪一等愛？

老子用清淨的程度判斷愛的「純度」。

第三節　四層「人間」成長

·失道而後德，失德而後仁，失仁而後義，失義而後禮：

忘卻真理的追尋（追尋真理的經驗內化了），充分進入人間學習。

（老跟孔在這裡是一樣的，道必須落到人間修。）

忘卻成長的心得（成長心得內化了），才能展現不固執的愛。

（從自愛到他愛，從內聖到外王。）

取消愛的負累，才能對複雜的人間世作出每一個準確的判斷。

（從感性到理性，從整合到分析。）

取消判斷的歷史經驗與沉積，逐漸建構起自由大度的禮樂人間。

（從一點到全體，從分析到宏觀。）

道：真理學習。

德：人間學習。

仁：愛的學習。

義：理性學習。

禮：文化建構。

老子提出了五個層次的人間向度的成長，越來越指向人間。

真理學習→人間學習→愛的學習→理性學習→文化建構。

關鍵字還是「失」：老子的失不是失去，是失掉、不執著、取消、忘卻的意思。就是「無」的同義字。

第四節　虛禮與前識

・夫禮者，忠信之薄，而亂之首：

這裡的禮指僵化的禮教。

忠信之薄，沒有內容的形式。

僵化、壓迫人性的規矩正是亂世的根源。

・前識者，道之華，而愚之始：

前識，事情未發生就有的意見、猜想甚至憂喜。

道之華，真理的花朵、末節、泡影──很表面的東西。

愚之始，笨蛋的開始。例如：杞人憂天的杞人，揠苗助長的宋人。

玄覽＋理性＋行動→事＝德（實）

理性＋投射→事＝前識（虛）

・老子說「前識」，莊子說「早計」，孔子則說「毋意」。

前識、早計是理性虛幻的投影，只有頭腦作用的運作，沒有生命力的實踐與介入。更糟糕的是情感的預期與預支。例如：還沒燒到、扎到就叫痛。例如：事情還沒發生就高興老半天，透支快樂，事情到了卻變呆，發生變化又怎麼辦。

第三十九章
從「一」出發

　　昔之得一者：天得一以清，地得一以寧，神得一以靈，谷得一以盈，萬物得一以生，侯王得一以為天下正。其至之，一也。天無以清將恐裂，地無以寧將恐發，神無以靈將恐歇，谷無以盈將恐竭，萬物無以生將恐滅，侯王無以正將恐蹶。故貴以賤為本，高以下為基，是以侯王自謂孤寡不穀。此其以賤為本耶，非乎？故致數車，無車。不欲碌碌如玉，落落如石。

・例子一：
　1. 整體。2. 精純的整體或獨特的整體──兼具精純性或個性的整體性。
　一物一太極：任何生命的個體都是天道具體而微的整體顯現。
　所以「一」有二義：1. 不可分割，道的整體性。2. 簡要精純，道的精要性。
・「天得一以清……侯王得一以為天下正。其至之，一也」一段：
　例子一：大地之母假說
　　　地球是一個巨大活生生的單細胞！──大氣、洋流、空氣中含碳量、食物鏈、物種、人類……都是這個「蓋婭女神」構成的整體性因素。
　例子二：生態學與食物鏈
・天無以清將恐裂，地無以寧將恐發，神無以靈將恐歇，谷無以盈將恐竭，萬物無以生將恐滅，侯王無以正將恐蹶：
　人類把自己從整體中分割出來，日子就變得怪怪的──
　天無以清將恐裂，真理不清楚人間恐怕分裂！

地無以寧將恐發，大自然不安寧災害發生不完。

神無以靈將恐歇，心神的力量不準確就是內在生命停機了。

谷無以盈將恐竭，山川河谷沒了豐盈的生命力，生機就斷絕了。

萬物無以生將恐滅，整體性被破壞，大滅絕降臨！

侯王無以正將恐蹶，高位者不再成長則再高的權威也要顛仆跌倒了。

老子說就算天地神靈王侯萬物，一旦離開了整體性，你看看會變成什麼樣子。

· 貴以賤為本，高以下為基，是以侯王自謂孤寡不穀。此其以賤為本耶，非乎：

再偉大的功業，都是從內心出發的；再高遠的道路，內在的一永遠是最佳始點。

· 故致數車、無車：

整體是不能分割的。

把一部車的一件件零件拆下來，就不是一部車了。

把一個問題打散，就找不到問題的真相。

討論一個問題不從整體分析，就容易以偏概全、避重就輕、混淆黑白了。

局部的總和不等於整體。

· 不欲琭琭如玉，落落如石：

琭琭，玉貌，喻少。

落落，石貌，喻多。

不做人為雕琢、無法回歸大自然的美玉，寧當滾動渾厚的石頭。

──滾動的石頭不長青苔。

第四十章
道之機、道之用、道之源

反者道之動，弱者道之用。
天下萬物生於有，有生於無。

意簡言深的一章。

第一節　道之機與道之用

‧反者道之動，學習真理的人間契機──痛苦智慧。
　弱者道之用，使用真理的人間型態──愛人之道。

‧反者道之動：
　反面經驗是真理發動的時機。
　在困窘的境遇中激發生命力。
　在泥濘中學習最深刻的成長。
　在國家最糜爛時激起大革命。
　我的軍旅經驗：學在混帳的日子裡活得朝氣蓬勃、生龍活虎。
　王弼：「高以下為基，貴以賤為本，有以無為用，此其反也。」
　不必害怕反面經驗，這是成長動力──身心痛苦、人生挫敗、情傷、
　失落、怨恨……都是。
　反修、痛苦智慧、即煩惱即菩提。
　很激勵人的一句話。

‧弱者道之用：

弱就是不傷害人、不壓迫人、不給人壓力。

行道、用道要用晦而明、用弱而強、用柔而剛、用謙而盈。

要懂得退之道──為而不宰，教而不教。

潛移默化──低姿態是聰明的教育策略。

中國文化的柔弱哲學。

第二節　道之源──無中生道

‧有生於無：無→覺。

天下萬物生於有：覺→在→行→萬物。

第四十一章
詭辭的世界

　　上士聞道，勤而行之；中士聞道，若存若亡；下士聞道，大笑之，不笑，不足以為道。

　　故建言有之：明道若昧，進道若退，夷道若纇，上德若谷，大白若辱，廣德若不足，建德若偷，質真若渝，大方無隅，大器晚成，大音希聲，大象無形。道隱無名，夫唯道，善貸且成。

　　大概整章都是詭辭，或者說最多詭辭的一章。

　　不同的名言：詭辭為用、「正言若反」（第七十八章提出）、屈伸之道、道的辯證法、直道曲成、二律背反、陰陽方程式、模糊邏輯。

　　詭辭：詭道的言辭——老子特殊的表達方式。

　　道的辯證法：並非直證，矛盾的兩造要通過一個辯論的過程相互證明。譬如：

1. 反→正 或 經→權

2. ○⇔● ←→ㄚㄎㄎㄚ←→→ ☯

　　直道曲成：正理必須從反面的過程證實。

　　二律背反：兩條相反的律則同時存在。

　　　　　　因果律 A→-A 是不對的。

　　　　　　在人生 A→-A 是可以的。

　　　　　　例如：誠實＝說謊　　醫生對病人的言不必信？

或稱為陰陽方程式、模糊邏輯：A=-A

例如：克里特島的說謊者　　　　說謊 A　不說謊-A

例如：羅素滿臉落腮鬍的理髮師　刮臉 A　不刮-A

例如：「不要相信我」　　　　　相信 A　不相信-A

三個例子都是同時處於 A 與-A 的震盪狀態中。

老子詭辭的啟示：終極真理可以直證，但人間真理卻絕對是「大直若屈」的。人生的複雜性與多元性的程度，在科學領域不可能出現，但在真實的人生裡是隨時可能發生的。這是一個具體的生命現象：人生是絕對複雜、絕對矛盾，但同時是絕對統一、絕對諧和的，靠的就是一個實踐、辯證的過程。是的，人間沒有絕對的完美，這種完美是抽象、沒有血肉的。完美要貼近不完美，正要貼近反，以不完美的現實去逼近完美，就是正言若反的深層意義吧。

第一節　三種士

· 上士聞道，勤而行之：最好的道家還是重視實踐、行動。立馬做！
· 中士聞道，若存若亡：半信半疑，做做停停。
· 下士聞道，大笑之：群眾只懂得抓具體與現實。
　不笑，不足以為道：誤解是成長的必修學分。
　《蘇菲之路》：「除非你遭到上千上萬自命誠實的人指證你為異端，你就尚未到達真理階前。」
· 老子的三種士寫得真傳神！

第二節　詭辭建言

· 明道若昧：明朗的路燈火闌珊。

　像文化、教育的路，弱勢發展，不合潮流，卻是一個國家各種建設的
　根基。

· 進道若退：向前的路總會曲折。

　直道曲成，尋找真理的路總是曲折的。

　「聖人後其身而身先」，例如：韓信胯下之辱、讓老者先上車……

· 夷道若纇：平坦的路看似崎嶇。

　忠於主體性的道，剛開始會走得很慢很難；盲從潮流的道，一上路就顯
　得很快。但走下去，快慢順逆日益相反。

· 上德若谷：成熟的心胸大空如谷。

· 大白若辱：高潔的品格不避塵垢。

　1.「不笑不足以為道」的意思。

　2. 真正的志行高潔之士，一定不是理想主義的潔癖，反而會不避塵垢，
　投入現實的泥濘。

· 廣德若不足：寬廣的德行卻彷彿一直沒有做好。

　《論語‧泰伯篇》中曾子想念他的老學長顏回說：「以能問於不能，以
　多問於寡；有若無，實若虛，犯而不校，昔者吾友，嘗從事於斯矣。」

· 建德若偷：建立道德要像小偷一般偷偷摸摸。

　所謂積陰德。

　李白〈俠客行〉：「事了拂衣去，深藏身與名。」

　好人好事明著幹，就會像達摩回答梁武帝的話：「沒功德」。

· 質真若渝：生命質地純潔而行為卻沒個準兒。

　質真，原則（經）不變。

　若渝，方法（權）彈性。

憨山註：「聖人之心，貞介如玉，而不可奪，而能與世浮沉，變化無窮，無可不可。」

孟子：「大人者，言不必信，行不必果，唯義所在。」

‧大方無隅：真正有大原則大方向的人反而不是稜角分明。

無可無不可的孔子。

‧大器晚成：真正有大器宇大才幹的人會是很晚才成熟的。

憨山註引用《易傳》：「聖人深畜厚養，藏器於身，待時而動。」

《韓非子‧喻老篇》：「楚莊王蒞政三年，無令發，無政為也。右司馬御座而與王隱曰：有鳥止南方之阜，三年不翅，不飛不鳴，嘿然無聲，此為何名？王曰：三年不翅，將以長羽翼；不飛不鳴，將以觀民則。雖無飛，飛必沖天；雖無鳴，鳴必驚人。子釋之，不穀知之矣。處半年，乃自聽政。所廢者十，所起者九，誅大臣五，舉處士六，而邦大治。舉兵誅齊，敗之徐州，勝晉於河雍，合諸侯於宋，遂霸天下。莊王不為小害善，故有大名；不蚤見示，故有大功。故曰：大器晚成，大音希聲。」

‧大音希聲：偉大的音是悄然無聲的。

四時的轉換、天體的運行、大地的律動、生命的成長、文明的腳步……的聲音，聽得見嗎？

沉默是最大的聲音，無言是最大的力量。

一部影集中一個失聰的女孩狐疑：「太陽那麼盛大的光芒，怎麼可能是沒有聲音的呢？」

‧大象無形：壯大的象是沒有形狀的。

《論語》：「君子不器。」《學記》：「大道不器。」

無形、不器，不顯露個性。

‧道隱無名，夫唯道，善貸且成：

道是隱藏的，沒有自我的，但可以借貸給天地萬物，成就萬物，不會窮盡。彷彿「江上之清風，山間之明月，取之不盡，用之不竭。」問題

是：既然是「貸」，總是要「還」的，以任何形式。如果不還，會有後遺症的，以各種形式。

偷、貸，老子用字真傳神！

這一段詭辭的白話翻譯：

這人生啊，明朗的路燈火闌珊，向前的路總會曲折，平坦的路看似崎嶇；成熟的心胸大空如谷，高潔的品格不避塵垢，寬廣的德行卻彷彿一直沒有做好；建立道德要像小偷一般偷偷摸摸，生命質地純潔而行為卻沒個準兒；真正有大原則大方向的人反而不是稜角分明，真正有大器宇大才幹的人會是很晚才成熟的；偉大的音悄然無聲，壯大的象沒有形狀……

附文

老子說的借貸大戶！

自從跟老子打好交道，就深深知道我們所得到的一切內財與外財，全部都是向老天爺（天道）借來的！老天爺很慷慨，祂願意借貸給所有眾生。但既然是借，就是要還的，以曲折、不同的形式還。老天爺不想看到天地的孩子變成吃白食的，良好的借貸都要還，更何況是做了虧「心」事！舉頭三尺有神明，這句話不夠精確，神明根本就直接住進你、我心中，看著！

記住！要還的。港片《無間道》說：「出來行，一定要還的！」

是的，盡其在我。

現在的心情是：該做、該說的就去做、說，該還的就盡量還，不要讓臨終的自己後悔。

讓年老的自己每每想到年輕時的自己可以闔上眼，然後深呼吸一口氣，臉帶微笑，心裡說：好樣的！年輕人，你對得起我。

《老子》四十一章：「道隱無名。夫唯道，善貸且成。」

第四十二章

老子創生說

道生一，一生二，二生三，三生萬物，萬物負陰而抱陽，沖氣以為和。
人之所惡，唯孤寡不穀，而王公以為稱。故物或損之而益，或益之而
損。人之所教，我亦教之。強梁者不得其死，吾將以為教父。

證明老子繼承易學思想的一章。

第一節　一而二而三而多元論

· 道：最高本體。在天曰道體，在人稱覺性。
· 生：創生，開展，演化……
· 一：太極，乾，一元論。
　一是最後一個不能分割的個位數──真理的整體性與精純性。
· 二：兩儀，乾坤，二元論。
　乾坤的關係是一而二元、二而一元的。萬物的本性都是剛柔、陰陽、明
　暗、強弱、大小、動靜……等等兩極既相對又統一的。
· 三：三才，天人地，三元論。
　乾坤兩儀的屬性落在天人地三個系統去展開。
　──形上／原理系統、人文系統、形下／大自然系統。
· 萬物：多元論。
　絕對的一元論──專制。

過度的多元論──資本主義。

· 萬物負陰而抱陽：負，承載；抱，擁抱。

陰／陽──形下／形上，具體／抽象，物質性／精神性，凝聚／開創。

乾開創到哪裡，坤凝聚到哪裡。萬物都負載著坤凝聚的形體，又都擁抱著乾不斷創生的生命力。乾坤是一體互動，而且不停歇的。

· 沖氣以為和：以虛無之性調和陰陽二氣。

沖氣就是無為、忘卻、放下。

最後一定要回到這一句，才是道家本懷。

· 道體創生萬物的過程。

中國文化的最佳形容。

一而二而三而多元論。

這一節點出了道的整體性、精純性、二義性、文化性、複雜性、虛無性。

第二節　強梁者不得其死

· 孤寡不穀：孤，無父；寡，無夫；不穀，不善，不壽。

· 人之所教：前人所留下的教訓。

· 強梁：強橫凶暴之徒。

· 教父：老子諸教以「強梁者不得其死」為諸教首腦。

第四十三章
無為的力量

　　天下之至柔，馳騁天下之至堅。無有入無間，吾是以知無為之有益。不言之教，無為之益，天下希及之。

・天下之至柔，馳騁天下之至堅。無有入無間，吾是以知無為之有益：
　憨山註：「如水之穿山透地，浸潤金石是已。若以有入有，即相觸而有間。若以空入有，則細無不入。如虛空偏入一切有形，即纖塵芒芴，無所不入，以其虛也。」
　間有二解：1. 縫隙。2. 衝撞。
　至柔馳騁至堅。
　無有入無間。
　無為而無不為。
　滌除玄覽。
　老子千言百語，都在說此玄道。到了莊子，就演繹成「庖丁解牛」。
・不言之教，無為之益：
　身教最感人，行動最穿透。
　沒有自我最不給人壓力，不著痕跡最讓人不設防。

第四十四章

什麼東西是人生中真正重要的？

名與身孰親？身與貨孰多？得與亡孰病？是故甚愛必大費，多藏必厚亡。知足不辱，知止不殆，可以長久。

· 名與身孰親：

生命的假相（名）與生命的本體（身）哪個親？

群性我與物性我哪個親？

群性我與個性我哪個親？

參考《懸劍集》的人性四元論——物性我、個性我、群性我與神性我。

名，名可名非常名。社會機制下的符號世界。

身：1. 自我（傾向個性我的概念）。2. 身體（傾向物性我的概念）。

關於名、假我、群性我：

1. 名絕對是真實生命的簡化與傷害。

2. 名會亂心，腐蝕背負虛名的人。

3. 會傷害無知的後來的逐名者。

4. 施者之名，對受者而言也是壓力與傷害。

5. 對成熟者來說，名沒意義。

6. 至少，君子之道，遇到他者的稱譽、批評、甚至中傷，第一個反應不當是喜怒，而是思考。

· 身與貨孰多：生命與金錢哪個重要？

· 得與亡孰病：加法與減法、得到與失去哪個會引發慾望的疾病？

· 甚愛必大費：非常喜歡一定會造成嚴重的消耗。

1. 費、耗錢財，還小。例如：名車、名牌、玩物、玩人……很花錢的。

2. 費、耗健康，就有點嚴重了。例如：廢寢忘食、燃燒自己……賠進健康與命！

3. 費、耗生命，就大了。例如：玩物喪志、玩人喪德……志與德都指向更重大的內在工作。

附文

甚愛必大費！

老子有一句硬道理：「甚愛必大費。」——非常喜歡一定會造成嚴重的消耗。

有三種費與耗：

1. 費、耗錢財，還小。

例如：名車、名牌、玩物、玩人……很花錢的。

2. 費、耗健康，就有點嚴重了。

例如：廢寢忘食、燃燒自己……賠進去的是健康與命啊！

3. 費、耗生命，就更大條了。

例如：玩物喪志、玩人喪德……志與德都指向更重大的內在工作。所以內在工作（德）的耗與費是最大的耗與費。

甚愛必大費！小心三費：花錢、玩命、耗德！

第四十五章
清靜為天下正，無為而生大用

　　大成若缺，其用不敝。大盈若沖，其用不窮。大直若屈，大巧若拙，大辯若訥。躁勝寒，靜勝熱，清靜為天下正。

・大成若缺，其用不敝。大盈若沖，其用不窮：

　　敝，敗壞。

　　沖，同盅，虛器。

　　大成就者，大飽大滿，表面上好像空虛不足，理由有二：

　　1.謙不傷人。真正的高手都是謙和的。

　　2.空才能生。空才能保留持續成長、學習、生發的彈性與空間。

　　　真正的謙是活潑潑的，自滿是停滯與老化。

・大直若屈：

　　人間理想與生命成長的達成一定是直道曲成的——屈伸之道。

　　成長的直線要通過生命的曲折。

　　現實人生沒有完美主義，堅持完美主義會製造災難。

　　直道靠的是曲折的韌力，不是天才。

・大巧若拙：

　　最大的巧妙是什麼？——誠實、仁厚、樸素、老子三寶……

　　若拙，表面看起來笨笨的。

・大辯若訥：

　　最強有力的辯解是什麼？——實踐、行動、行、做、身教……

　　行動是最濃烈的答案。

但真正有行動力的人是不太講話的，話講起來笨笨的。

《繫辭傳》：「吉人之辭寡。」

・躁勝寒，靜勝熱，清靜為天下正：

憨山註：「躁能勝寒而不能勝熱，靜能勝熱而不能勝寒。斯皆有所勝，則有所不勝。是故聖人貴乎清淨為天下正。此其不言之教，無為之益，天下希及之矣。」

物各有克，唯心清靜者能覺察。

清靜，無為不動。

正，生生不已。

最後一句是結論。

・其實這一章的脈絡是這樣的：

缺 → 大成・不敝

沖 → 大盈・不窮

屈 → 大直

拙 → 大巧

訥 → 大辯

清靜 → 天下正・躁寒靜熱的生剋運用

無用 → 大用

無為 → 無不為

第四十六章
欲望是最大的災難

天下有道，卻走馬以糞；天下無道，戎馬生於郊。罪莫大於可欲，禍莫大於不知足，咎莫大於欲得。故知足之足，常足。

- 卻：退也，遣也。

  糞：指除草、施肥、播種等農事。

  天下有道，卻走馬以糞：天下無事，戰馬分給老百姓耕田。

- 天下無道，戎馬生於郊：

  《說文解字》：「距國百里為郊。」此指兩國交兵的戰場。

  戰事頻仍劇烈，戰馬不夠用，連懷孕的母馬也徵召，在戰場中生下小馬。

- 罪莫大於可欲，禍莫大於不知足，咎莫大於欲得：

  欲望是最大的罪惡，不懂滿足是最大的禍患，希望得到是最大的災難。

  一連重複三句，可見老子對慾望的批判。

  咎，《說文解字》：「災也。从人各，各者相違也。」人相違背，人際無法協調，自然有災。天災往往是人禍。

- 知足之足，常足：

  懂得滿足的這份滿足，是真理性（常道）的滿足。

第四十七章

看得見看不見的關鍵？

　　不出戶知天下，不闚牖見天道。其出彌遠，其知彌少。是以聖人不行而知，不見而名，不為而成。

・不出戶知天下：

　　那是因為心覺＋博學。

　　「書生不出門能知天下事」只是講後者。

　　憨山註：「以其私欲淨盡，而無一毫障蔽故也。」

・不闚牖見天道：天道又不是具體的青天。

・其出彌遠，其知彌少：

　　涉世越久，知見越重，心眼越障，所知越少。

　　知識→成見→我執→慾望，是擋住清淨心眼的原因。

　　（這四者層層因果互攝。）

・不行而知，不見而名，不為而成：

　　憨山註：「尸居而龍見，淵默而雷聲。」憨山又以莊解老。

　　尸居，閒居不動，宅得像條屍體。

　　龍，內在潛伏、夭矯強悍的本源力量。

　　淵默，沉靜得像深淵一般。

　　雷，覺醒的力量像驚雷！

第四十八章

無為而無不為

　　為學日益，為道日損；損之又損，以至於無為；無為而無不為。故取天下常以無事，及其有事，不足以取天下。

　　談無為的原理、功夫談得最完整一章。

　　「無為而無不為」，很有代表性的一句話，老子學問的全部。

　　最大的正言若反。

首先，知識學習與真理學習的三種關係 ──為學日益，為道日損

・第一種關係：平行關係

　　為學日益，做學問、學知識的重點在累加新知──＋法。

　　為道日損，修道的重點卻在日日減損慾望、執著──－法。

　　王陽明：「吾輩用功，只求日減，不求日增，減得一分人欲，便是復得一分天理，何等輕快脫灑，何等簡易。」王陽明講的就是減法的「鏡子理論」。

　　所以知識學習與真理學習、＋法與－法是兩條學習的平行線。

・第二種關係：矛盾關係

　　為學如果日益，為道就會日損；相對的，為學如果日損，為道即會日益。意思就是：知識學習與真理學習兩者是衝突、牴觸、矛盾的。

・第三種關係：互動關係

為學日益（知識性學習）與為道日損（真理性學習）是相互支援的。書讀得好，有助於修道；道修得好，書也會讀得更好。

跟著，真理學習的三層進境

1. 日損→2. 損之又損，以至於無為→3. 無為而無不為

・1. 日損：每天做減法，日日無為，經常塵拂拭。

・2. 損之又損，以至於無為：

　　不斷的損損到最後心明如鏡，一片澄明。

　　無為就是虛靈清淨的心神狀態。

　　第二層指無的功夫的極致。

・3. 無為而無不為：見第三十七章。

　　道的體與用。

　　無為（無）→覺→ 無不為（在行）

　　　　1　　　2　　　　　　3 4

　　老子的學問最終還是指向人間，內聖最終指向外王，無為最終指向用世。

　　老子：「無為而無不為。」

　　孔子：「無可無不可。」

　　佛學：「真空妙有。」「不住相布施。」

・憨山註：「為學者，增長知見，故日益。為道者，克去情欲，窮形泯智，故日損。初以智去情，可謂損矣。情忘則智亦泯，故又損。如此則心境兩忘，私欲淨盡，可至於無為。所謂我無為而民自化。民果化，則無不可為之事矣。此由無為而後可以大有為，故無不為。」

・取天下常以無事，及其有事，不足以取天下：

　　憨山註：「無事，則無欲。」「若夫有事則有欲，有欲則民擾，民擾則

人心失。人心既失，則眾叛親離，此所以有事不足以取天下也。」
誰說老子退隱保守。

取天下、發動革命的基本前提是「無事」——無私欲、無成見、無執著。無慾者才有資格成為革命家。

第四十九章
一體性的導引

聖人無常心，以百姓心為心。善者，吾善之；不善者，吾亦善之，德善矣。信者，吾信之；不信者，吾亦信之，德信矣。聖人之在天下，惵惵為天下渾其心，百姓皆注其耳目，聖人皆孩之。

・無常心：沒有固定的想法。

　　義近孔子的「絕四」。

・以百姓心為心：其實就是一體性的境界。

・善者，吾善之：好的人，我會善待。

　　不善者，吾亦善之：不好的人，我也會善待。

　　德善矣：因為任何人的內在品性都是美好的！

　　鎮華老師遺教：跟一個人說話，就是跟他內在的佛說話。

・德信矣：任何人的內在品性都是一體的！

・惵惵：戒慎恐懼貌。

・渾其心：渾一天下人生命核心的一體性。

　　注其耳目：耳目是頭腦作用的發揮。看到一點，失去整體。

　　孩之：引導眾生回到小孩子的心。

・關於「一體性」的三點：

1. 一體性是生命本質。

2. 不可說明、無法思量，所以是不能透過理性途徑進入。

3. 我的「五層斷裂論」，越到後面，越遠離一體性。——看見、心得、門派、戰爭、資本主義介入。

第五十章
死亡哲學

　　出生入死：生之徒十有三，死之徒十有三，人之生動之死地者亦十有三。夫何故，以其生生之厚。蓋聞善攝生者，陸行不遇兕虎，入軍不避甲兵。兕無所投其角，虎無所措其爪，兵無所容其刃。夫何故，以其無死地。

　　這一章很難註解。
　　這一章很特殊，老子罕言死亡哲學。

‧出生入死：人生逆旅的必然歷程。
‧生之徒十有三：十個人中有三個人是長壽的。
‧死之徒十有三：十個人中有三個人是夭壽的。
‧人之生動之死地者亦十有三：
　十個人中有三個人是本來活得好好的卻讓自己往死亡之地移動。
　為什麼？原因？──不正確的生存方式？貪慾？
‧夫何故，以其生生之厚：老子認為原因是過太爽？
　讓自己的人生活得太豐厚了。
‧有沒有注意到？十個人中，還有一個，老子沒有提起？
　是誰？有道者？
‧善攝生者：善於養生的人。
‧兕：犀牛。
‧以其無死地：為什麼？

1. 心中沒有死地。

　　生死不縈於懷。

　　這是內在性解釋。

2. 陰陽心法的第二點——相背性。

　　越貪生，越易死；越不怕死，越不會死。

　　這是外在性解釋。

第五十一章
事物完成的四個元素──道德物勢

　　道生之，德畜之，物形之，勢成之。是以萬物莫不尊道而貴德。道之尊，德之貴，夫莫之命而常自然。

　　故道生之、畜之、長之、育之、成之、熟之、養之、覆之。生而不有，為而不恃，長而不宰，是謂玄德。

第一節　道德物勢

・道　　　　　→　　　　德　　　　→　　　物 ──→ 事（物）

　生養萬物　　　　　　畜養內在　　→　　　勢

　生發性　　　凝命／磁性中心成形／結晶化

　真理條件　　　　　　內在條件　　　　　外在條件

・事物完成的四個元素

　1. 真理／根源／道・天：出發點要對，要有根底。（真理條件／主觀因素）

　2. 修養／功夫／德・人：要有累積，內在要成熟。（內在條件／主觀因素）

　3. 物質／工具／物・器：儲備物資、工具、技術。（外在條件／客觀因素）

　4. 情勢／環境／勢・境：察情度勢。（外在條件／客觀因素）

　　（參考《繫辭傳》之「聖人之道四」。）

・莫之命：不能勉強。

・常自然：保持自然的心境與狀態。

第二節　天道與玄德

‧生、畜、長、育、成、熟、養、覆：天道的生發性。

‧玄德：這一章從天道的角度說玄德。

第五十二章
母親哲學的深層意義

　　天下有始，以為天下母。既知其母，復知其子；既知其子，復守其母。沒身不殆。

　　塞其兌，閉其門，終身不勤；開其兌，濟其事，終身不救。

　　見小曰明，守柔曰強，用其光，復歸其明，無遺身殃，是謂襲常。

第一節　弄清楚母子關係

・誰是母？誰是子？——

道與術？道與德？神性我與個性我？還是神性我與群性我？天與人？內在與外在？玄牝與有？

《懸劍集》的〈修行白話文〉：

「我的定義：

君子就是快樂、健康、覺醒的生存狀態。

小人就是不快樂、不健康、不覺醒的生存狀態。

這兩種生存狀態是可能隨時移動的———一個君子可以隨時變成小人，反之亦然。

更白話文的說法：

活得好，活得安心，君子。

活得不好，活得憂心，小人。

精要的說法：

君子是內在狀態，小人是外求狀態。」

・搞清楚母子體用，沒身不殆。

　　殆：危也，盡也。

第二節　管好兒子──兌？

・塞其兌，閉其門，終身不勤：

　1. 兌為口，門乃耳目。

　　憨山註：「兌為口，門乃眼耳，為視聽之根。謂道本無言，言生理喪。妄機鼓動，說說而不休，去道轉遠。唯是必緘默以自守，所謂多言數窮不如守中。故曰塞其兌。然道之於物，耳得之而為聲，目得之而為色。若馳聲色而忘返，則逐物而背性。是必收視返聽，內照獨朗。故曰閉其門。如此，則終身用之而不勤矣。勤，勞也。」

　2. 兌，悅也。門，心門。

　　塞其兌，塞住快樂，不要放大快樂。那不是快樂，是放縱。

　　閉其門，關好心門，讓慾望進不來。那不是自然的慾望，是災難。

・開其兌，濟其事，終身不救：

　1. 巧言令色，借嘴巴成事，即使事成，也留下終身不能挽救的遺憾──扭曲了生命方向。

　2. 開放慾望的滿足，進一步制度化、合理化、企業化、行銷化（濟其事）──資本主義。留下終身不能挽救的錯誤。

第三節　顧好媽媽！

・見小曰明：對成熟的人，一點點跡象，就足夠了──知幾。

　　憨山註：「孔子曰，知機其神乎。故曰見小曰明。」

　　《蘇菲之路》的「覺察與解釋」：

「對敏於覺察的人，些微跡象就已足夠；

　對那無心的人，一千個解釋仍嫌不足。」

成語叫見微知著。

無染心的感應力。

‧守柔曰強：守好柔軟的心，是心靈的強者。

《論語》：「克己復禮。」

《老子》：「自勝者強。」

‧用其光，復歸其明：光是用，明是體。

明光也是母子關係。

清淨與感應，無為與玄覽。

‧無遺身殃：沒給自己帶來災殃。

小心這句！

──光、能力、神通的使用，如果不回歸「媽媽」，會遭殃！

‧襲常：守好生命的母親是承襲真理之道啊！

第二十七章說「襲明」。

附文

老子哲學的顧好媽媽，管好兒子

　　老子說：「天下有開始的存在，這是生命的媽媽。既知道媽媽的存在，也知道兒子的存在；既知道兒子的存在，又懂得守護好媽媽。懂得這樣的母子哲學的，終身都會湧現用不完的生命力。」

　　老子的母子哲學，有意思！

　　方方面面，我整理了五種「母子」關係：

1. 道是媽媽，德是兒子。

　　這是真理與經驗、形上與形下、天上與人間的母子關係。

　　這是上下。

2. 君子是媽媽，小人是兒子。

　　先要說說我對君子小人的看法——

　　君子小人不是道德判斷。

　　君子小人是檢視自己是否活在正確生存方式的座標。

　　也就是說，君子是快樂、自由、活在正確生存方式的生命狀態。

　　小人是不快樂、不自由、沒活在正確生存方式的生命狀態。

　　所以這是「回歸」的問題，兒子要常常回歸媽媽的懷抱。

　　不正確的生存方式要隨時能夠調整、回歸正確的生存方式。

　　這是正反。

3. 內在性是媽媽，外在性是兒子。

　　這是內在工作與外在能力、成熟與專業的母子關係。

　　這是內外。

4. 軟實力是媽媽，硬知識是兒子。

　　這是品格與知識、主人與僕從的母子關係。

　　這是柔剛。

5. 清淨心是媽媽，感應力是兒子。

　　其實這就是無與有、無為與有為、無為與無不為的母子關係。

　　當然，無有相通，就是玄德。

　　這是無有。

所以，母子哲學包含了上下、正反、內外、柔剛、無有的母子關係。

　　老子的母子哲學是從《易經》的陰陽原理而來，但多了一層主從的含義。

　　媽媽是源頭、是主題、是生命基本法、是更根源性的存在。

　　兒子沒問題，只要能夠常常回歸媽媽的懷抱的，就是好兒子；相反的，越跑越遠，一直不回去找媽媽的，就是迷途的兒子──失控的生存、能力、專業、知識、成就、才智與欲望。文言文叫「往而不返」，一種回不了源頭的生命災難。

第五十三章
道不可行

　　使我介然有知，行於大道，唯施是畏。大道甚夷，而民好徑。朝甚除，田甚蕪，倉甚虛，服文采，帶利劍，厭飲食，財貨有餘，是為盜夸。非道哉！

・介然：憨山註：「介然，猶些小。乃微少之意，蓋謙辭也。」
・唯施是畏：老子一想到在此世間行道、打拼，就怕怕？頭就大？
・夷：平坦。
　徑：捷徑、邪徑。
・朝甚除：朝指宮室。除，潔好。
・盜夸：
　1. 夸，奢也。（王弼）
　2. 盜夸指賊頭。夸一本作竽。
　憨山註：「竽，樂之首，而為先唱者也。」
　這幾句的意思是指政府帶頭當土匪。
・這一章是老子「道不可行」的感喟。
　自嘲之詞。老子傷心的真實感受。

附文

老子的兩個小心

宅居讀書，讀到老子的兩個小心，老子應該是一個很……減法的人。事實上，小心、減法、慎重的背後，是一個能量細緻的生命狀態。

老子的第一個小心：對說話。

「多言數窮，不如守中。」

老子認為講話太多會途窮，不如守住心靈不歇的生機。將生命能量從嘴巴轉移到心靈。這就是老學巧門：嘴巴笨了，心就活了。

老子的第二個小心：對幫助別人。

「唯施是畏。」

對幫助他人小心、害怕？

「唯施是畏」這句話有兩個版本的解釋。現實版：老子一想到在此世間行道、打拼，就怕怕？頭就大？這個版本其實蠻真實的，老子大概深深懂得這個狗屁人間的難搞啊！不是嗎？做好事還會被出征！這個世道，挺嚇人的。你有同感嗎？當然，勇者無畏。

所以「畏」當有更深入的解釋。深刻版就是：施是給予，畏是慎重。畏不是恐懼的意思。幫助人當然是一樁須要精細、謹慎、小心、用心的活兒啊──施予的輕重力道要有分寸、出手得盡量不著痕跡、要取消望報心、甚至忘卻自己曾經的善行、盡量不要給受者壓力、得讓受者感到平等與溫暖而不是被施捨……助人之道大矣哉！做得精準是修德，做得粗魯便是傲慢了。

老子真是精細人。你喜歡哪個版本呢？

第五十四章

德業論衡

　　善建者不拔，善抱者不脫，子孫以祭祀不輟。

　　修之於身，其德乃真；修之於家，其德乃餘；修之於鄉，其德乃長；修之於國，其德乃豐；修之於天下，其德乃普。

　　故以身觀身，以家觀家，以鄉觀鄉，以國觀國，以天下觀天下。

　　吾何以知天下然哉？以此。

第一節　德是可以確然不拔的

‧善建者不拔：善於建立的不會被拔除。

‧善抱者不脫：善於守成的人不會被奪取。

　憨山註：「抱，守也。脫，猶奪也。」

‧子孫以祭祀不輟：輟，停止。

‧什麼事業可以做到這樣呢？——德業。

第二節　老子五條目——德是愈使用愈洶湧的

‧修及一身→德真　　真，變化。

　　　　　　　　　生命變化，純度提高。

　一家→德餘　　　開始有餘。

　一鄉→德長　　　鄉，社區的概念。

　　　　　　　　　到了社區的成熟，才有真正的成長，標準很嚴。

一國→德豐　　　　　豐，祭器盛小麥以祭天。

　　　　　　　　　　生命豐富到可以通天，以德奉天。

天下→德普　　　　　周普流行，不既不盈。

‧老子五條目也就是「既已為人己愈有，既已與人己愈多」的觀念。

　　德是愈付出，愈豐富；

　　　　愈磨鍊，愈成熟；

　　　　愈服務，愈壯大的。

‧《大學》八條目：格至誠正→修→齊→　　治→平

　《老子》五條目：（無為）→身→家→鄉→國→天下

　《老子》的無為與《大學》的格至誠正等觀，後半截《老子》多了鄉的
　觀念。

第三節　德必須尊重主體性，沒強制性

‧以身觀身：從成長者的主體性出發看待成長者。

　以家觀家：從一個家的成長出發看待一個家。

　以鄉觀鄉：從一個社區的成長出發看待一個社區。

　以國觀國：從一個國的成長出發看待一個國。

　以天下觀天下：從天下人類的成長出發看待天下人類。

　以百姓心為心。

‧以下觀上，狹隘。

　以上觀下，壓迫。

　用低位階的觀點要求高位階會狹隘，

　用高位階的觀點要求低位階是殘忍。

‧小結：

   1. 德必須尊重主體性。

   2. 德必須沒有強制性。

   3. 真正的生命經驗是有彈性的，不是死規矩。

第四節　德是最後的希望

‧吾何以知天下然哉？以此：

   我怎麼知道人類世界還有希望呢？因為有德啊！

   此，指德。

第五十五章
不被傷害的力量

　　含德之厚，比於赤子。毒蟲不螫，猛獸不據，攫鳥不搏。骨弱筋柔而握固，未知牝牡之合而朘作，精之至也。終日號而嗌不嗄，和之至也。知和曰常，知常曰明，益生曰祥，心使氣曰強，物壯則老，謂之不道，不道早已。

・赤子：初生嬰兒。
・以尾毒傷物曰螫，以爪按物曰據，以翅擊物曰搏。
・握固：小嬰兒握力很強固。
・牝牡：雌獸與雄獸。
・朘（ㄗㄨㄟ⁻）：男子生殖器。
・精：精氣，生命能量。
・號：哭。
　嗌：咽喉。
　嗄：沙啞。
・知和曰常：柔和才是長久之道。
・心使氣曰強：心（主）使氣（能量）是強大，反過來就是失控。
・什麼東西可以做到不被傷害、柔軟、穩定、生命能量充沛、不自傷、長久、敞亮、生生之德呢？
　憨山註：「何也，以其赤子不知不識，神全而機忘也。」
　1.先天氣。──形而下的解釋
　2.善良、愚、忠厚。──形而上的解釋
　（本來讀不懂，直到聽了附文的兩個「愚故事」。參看下頁附文。
　還有一個小說上的例子：金庸《俠客行》中的狗雜種。）

附文

善良是不會被傷害的

《老子》第五十五章很難理解，或者說，很難被相信！是什麼力量或狀態可以做到「毒蟲不螫，猛獸不據，攫鳥不搏」呢？結果很共時性的，在讀這一章老子的同時，我連續聽到兩個「愚故事」，讓我，讀懂了。這兩個故事很珍貴，兩位主人翁並無關係，卻讓我們在不同的生命中看到同樣珍貴的價值。我不改原文，引錄如下。

第一個故事是王鎮華老師的夫人，林怡玎師母的告別式之後，一位同門師兄弟的分享：

「在我心中，老師是典範人物，可以努力效法、學習。師母則是人間完美的原型，她本質上的良善、溫暖很難學。

我記得當年永和老房子與建商合建，師母常需要與建商周旋，從合建的條件到建材選擇，大大小小的事都是師母出面。

當時，我心想：這麼一個人怎談得過見多識廣的建設公司？有些不放心，就陪著去了幾次，沒想到，師母根本不是去談判的，她是去告訴對方自己的弱點是甚麼，自己缺甚麼，她想要達成的目標是甚麼，她的期待……，完全沒有談判中所謂的技巧，根本就是直接掀底牌給對方看。

我站在旁邊，心裡滴咕：這不是死棋嗎？

過程中當然有些波折，但最後師母要的可以說完全的達成了。整個談判過程，師母沒用甚麼技巧、方法、手段，只憑著誠實、良善的語言與柔軟、溫和的態度，說服對方，也許是感動了對方吧！她讓對方不好意思說謊，生不起欺負人的橫氣。

『含德之厚，比於赤子，蜂蠆虺蛇不螫，猛獸不據……』『陸行不遇兕虎，……兵無所容其刃』，每次讀老子都會想：哪有這種事？

『善良的人不會被欺負。』這是老師的話，也是師母實證了經典的例子。」

第二個故事是一位老同學分享她學生的成長：

「承君，用爵士鼓歡迎來賓，煮他最拿手的咖啡，展示他精彩的畫作，還有潛水的照片。包括今年他為全家人做的年夜飯。

很精彩的孩子，但他從一出生老天爺就給他一個不公平的染色體，這個唐寶寶智商會永遠停留在 52，生命也會比別人短二分之一，可是他不想讓自己的人生停留。三年前他靠實力考上明道餐飲科，與跟他一起進國一的弟弟同時成為明道人，他跟大家說，我是自己考上的，你們不要再叫我唐寶寶…

我不知道認真煮咖啡的承君這次能不能夠再次得獎，但我謝謝他在這三年帶給學校以及他的同學很多的歡樂。

他會遠遠地看到校長時，快速衝過來抱著他的腰，喊『大久，你好嗎？』真是開心果耶！

承君從小到大都在融合教育中成長，他昨天告訴評審委員，從幼稚園小學國中到高中，他的同學都對他很好，所以他長大要對所有人都好。

嗯！他家人尤其不容易，作為軍人的父親不常在家，媽媽為了他辭掉工作專心守護這個孩子，爺爺是他的天使。現在承君高三了，他告訴家人他一定要考上大學，每天圖書館結束回到家還要讀兩三個小時，因為他沒有那麼容易記住。可是他晚上還是堅持跟會大聲打呼的爺爺睡，因為曾經四次小中風的爺爺，有兩次是半夜被承君發現的。所以承君不想離開爺爺，半夜如果再發病沒有人發現怎麼辦……」

看完這兩個故事，你有什麼想法嗎？

慢飛天使，真好的詞兒！真好的孩子。

其實現代用 IQ 判定能力高下是西方標準，對中國文化傳統而言，愚，其實是加分的說法。

《史記・老子列傳》有記載：「良賈深藏若虛，君子盛德容貌若愚。」愚、智相對：愚指收斂的修養，智是外露的精明。

其實愚甚至是高於智的。50％的智力！這何嘗不是天生優勢。承君，不就是承接天賦的君子嗎？

這是我這幾天裡聽到的二個感人的「愚故事」。在中國文化，愚不是笨，而是忠厚與完整，心的完整。不是嗎？善良是一種力量，在師母與承君的身上、周邊，充分看到了！師母的「談判」與承君的成長，充分印證了老子與鎮華老師告訴我們的：「善良是無法被傷害的。」因為善良的真正意義是指一顆完整的心，可以傷害一個人的身體，但誰能傷害一顆完整的心呢？

仁者無敵！

不是沒有人打得過仁者，而是沒有人忍心去當他們的敵人。

第五十六章

言與道

　　知者不言，言者不知。塞其兌，閉其門。挫其銳，解其紛，和其光，同其塵。是謂玄同。

　　故不可得而親，不可得而疏，不可得而利，不可得而害，不可得而貴，不可得而賤，故為天下貴。

第一節　講話的功夫

・知者不言：

　知「道」者不太講話的。

　《禮記・學記》：「其為言也，約而達，微而臧，罕譬而喻。」

　真懂的人不嘮叨。

　鎮華師臨終前的「噓」。

・言者不知：

　耍嘴皮子的不知「道」。

　言者，把全副力氣用在講話上的人。

・塞其兌，閉其門：第五十二章的重複。

　閉好嘴巴，守好心門。

・挫其銳，解其紛，和其光，同其塵：第四章的重複。

　挫其銳，降伏自我。

　解其紛，調解紛爭。

　和其光，調柔能量。

同其塵，放緩速度。

· 要不要講話？怎麼講話？還是要回到「玄」的有無迴路。

第二節　我們與道的距離

· 不可得而親：道是公器，不可私親。對有道者也一樣。

不可得而疏：道在日常中，要疏遠也不得。

不可得而利：利有二解——1. 私利。（參《易經·井卦》。）

2. 實利。（道的利益更無形、更宏大。）

不可得而害：人行道中，不會受傷害。

奧修：「人在覺知中是不會犯錯的。」

不可得而貴：不要因為學道而自我膨脹。

不可得而賤：不要因為學道而欺負別人。

· 我們與道的距離（有道者也一樣）——

不佔有、離不開、不現實、不犯錯、不自大、不欺人。

附文

噓！請聽，大化的聲音
——鎮華老師離世的密意探索，一個儒門公案？

這是一個儒門公案中最堪玩味的密語與線頭？噓！？

鎮華老師去前的一段時間常愛將手指豎立唇上，然後：「噓！」——有時是在獨處，有時與學生說話，有時對自己，有時對他人，有時對著虛空……驀然：「噓！」

這一聲「噓」是生命謎題的答案嗎？

還是老師要我們：請聽，大化的聲音。

我覺得這幾句臨終話語，就是這個公案的通關密語：「噓」、「不要亂猜」、「不要解釋」。

我的解讀：「不要猜」就是，活在當下！

就是中道今來的「今來」。

生死是下一刻的事兒，所以將生命力全然投身當下，就，自然不要去猜。這不是超越生死，是根本沒去罣懷生死，心中根本沒有生死，心裡沒有，何談超越！臨終前，謹餘不多的元氣，老師全輕輕的放在當下今來。超越生死還是第二層，沒有生死就是根本不跟生死拔河啊！這是我的詮釋。

尤其人死前身體智慧特別敏銳，老師一生那麼天真，身體那麼柔軟，生活那麼簡樸。心、身乾淨，Bodymind 會自然自明的帶領生命該怎麼做。所以斷藥，那是身心智慧的自然決定，在我來看，若合符節。

　　一位師姐說：他極有智慧的決定，但是我們無法了解，就痛苦地與他爭辯。我回說：沒關係啦，最終，老師贏了，超然離去，我們又學到一課。

　　親愛的人最後用死亡教育我們！

　　病歸病，明歸明。老師一生不強調什麼與重視什麼，清楚分明。王陽明死前說：「此心光明，亦復何言。」我的判讀，老師臨終前一直留在光明中，偶有跳脫，即「噓」聲禁制，不遠復，立地返元。所以這個「噓」是一個法？是一個道？是一個抽離？是一個拉回？是一個自性提醒？是一個內在召喚？是一個回歸大化？是一個直指本心？

　　事實上，任何語言都有它的上達面與下達面，老師這一個手勢也是一句廣義的語言，所以這天地一聲噓，可以是直扣真如的鎖鑰，當然有時候也可能只是老師在對咱們說：「你們太多話了，不要吵我！」

　　我想，同門的朋友都不會有問題，但老師的「噓」、「不要猜」、「不要說話」，其實都是無法驗證的境界，疑者爭鋒，徒留戲論。

　　事實上老師在他的最後的歲月中，常常是話藏機鋒。一位同門記述了下面「有意思」的一段對話。

　　「老師說：我就這麼包起來（一張要丟棄的面紙），以前的像石頭一樣硬的都包起來，丟掉，過去的都丟掉。

　　老師繼續說今天認錯人了，我說：老師沒關係的，不管誰來看你，你的心這裡都是一樣的對吧？老師點了點頭。

　　我還是哭個不停跟老師說：我不擔心你了，我只是想來陪陪你好嗎！老師還是點點頭。」

　　還有一句，老師中風後經常說的：

感動感動感動感動感動感動…………

大師妹說老師的最後三天經常整句都是感動，名詞主詞受詞動詞，全是：感動感動感動感動感動感動……臨終前的老師到底在感動什麼？是停留在他經常說的「活得像天地一樣美好」的感動感知之中嗎？

也許，以後我又多話了，會自然想起你說過：「中道不可說，一說就概念化、局部化。」

也許，我在某一個人生困頓前走心了，耳邊會響起你說的：「事情一發生，天心一定第一時間在現場。」

也許，在某一個時刻，我做多了，心裡會聽到你定定卻輕輕的說：「我們不需要那麼多。」

也許，在某一個片刻，我做累了，會忘機的走入你的「輕忽隆重」。

也許，此中有真意，要仰首，要問風。千帆過盡，道中有愛，全化作清明時節溪畔柳絮間的習習長風。然後，風中傳來，你的——

「噓！」

第五十七章

無為治國

以正治國，以奇用兵，以無事取天下。

吾何以知其然哉？以此：天下多忌諱，而民彌貧；民多利器，國家滋昏；人多技巧，奇物滋起；法令滋彰，盜賊多有。

故聖人云：我無為而民自化，我好靜而民自正，我無事而民自富，我無欲而民自樸。

第一節　以正治國，以奇用兵，以無事取天下

· 以正治國：以正道治國。生命成長還是國家發展的基本原則。

以奇用兵：以奇道用兵。非常情境不可拘泥。

以無事取天下：

憨山註：「無事，則無欲。」「若夫有事則有欲，有欲則民擾，民擾則人心失。人心既失，則眾叛親離，此所以有事不足以取天下也。」

誰說老子退隱保守。取天下、發動革命的基本前提是「無事」——無私欲、無成見、無執著。無慾者才有資格成為革命家。

第二節　有為亂國

‧多忌諱→民彌貧：

誰不能批評，什麼主義不能罵，什麼事不能做，民間的生機都被封殺了。

民多利器→國家滋昏；人多技巧→奇物滋起：

名牌、直播、網紅、博彩、網軍、股票、期貨、網購……

法令滋彰→盜賊多有：利之所趨，越禁，越亂。

第三節　無為治國

‧我無為而民自化：

自化，自我成長，自我教化。

自化是中國文化政治、教育上的一個根本原理。

成長必須有強烈的主動性才算成長，民間的問題讓民間解決，學生的問題讓學生面對。一個教化者不是不做事，政策一樣推動，學校一樣辦，文化一樣推廣……但真正的教化者必然抱著「自化」的原則，像：

《老子》：「為而不恃，長而不宰，功成而弗居。」

《易經》：「匪我求童蒙，童蒙求我。」

《易傳》：「用晦而明。」

《禮記‧學記》：「道而弗牽，強而弗抑，開而弗達。」

教化者退居第二線，重點是協助成長，不是強制灌輸知識。

我好靜而民自正：各安其位，面對自己的成長。

我無事而民自富：真正的富有是內在的。

我無欲而民自樸：樸是生命的本質。

「自」是很重要的生命原則。生命成長一定是很私密的事兒。

第五十八章
陰陽相合

其政悶悶，其民醇醇；其政察察，其民缺缺。

禍兮福所倚，福兮禍所伏，孰知其極。其無正耶，正復為奇，善復為妖。人之迷，其日固久。

是以聖人方而不割，廉而不劌，直而不肆，光而不耀。

第一節　理政上的陰陽之道

· 其政悶悶，其民醇醇：

　不擾民，無為而治，法令簡要，沒啥賣點——悶悶。

　民風反而醇厚——醇醇。

· 其政察察，其民缺缺：

　法令繁苛，嚴格專制——察察。

　人民反而用智用巧，鑽法律漏洞，民風貪薄，少了大國民的氣派。缺什麼？當然是缺，德——缺缺。

第二節　生命中的陰陽之道

· 禍兮福所倚：在負面經驗中成長，痛苦是成長的溫床。

　　　　　　《易經·萃卦》：「乃亂乃萃，若號。一握為笑。」

　福兮禍所伏：成功、受益後的鬆懈、放縱、腐化，埋下禍根。

　　　　　　《易經·既濟卦》：「初吉終亂。」

・孰知其極：誰知道禍福的二元性辯證到哪裡才是盡頭？

・其無正耶，正復為奇，善復為妖：

　第一個「正」指生命成長，第二個「正」指生命成長經驗的僵化。

　「奇」指人心詭道。

　正、善一執著、僵化，成了教條，就會淪為奇、妖。

・人之迷，其日固久：不覺知、迷失的時間可能是很久的。

第三節　陰陽相合

・方而不割：

　方，有方向，有原則。

　割：1. 不傷人。2. 不割裂。

・廉而不劌：

　憨山註：「劌，謂刻削太甚也。」水清則無魚。

　廉潔但不流於不近人情。

・直而不肆：

　憨山註：「肆，謂任意無忌也。」

　直接但不鋒銳。

・光而不耀：

　明亮卻不刺目。

　不用自己的明亮提醒他人的陰影。

・有道者善於統攝矛盾條件為統一條件。

　跟《論語》「六言六蔽」的成長論如出一轍。

·方	→	而	→	不割
廉	→	而	→	不劌
直	→	而	→	不肆
光	→	而	→	不耀
天然稟賦		後天養成		陰陽統合

·好仁	→	不好學	→	其蔽也愚
好知	→	不好學	→	其蔽也蕩
好信	→	不好學	→	其蔽也賊
好直	→	不好學	→	其蔽也絞
好勇	→	不好學	→	其蔽也亂
好剛	→	不好學	→	其蔽也狂
天然稟賦		欠缺後天養成		偏陰偏陽的障礙
六言				六蔽

第五十九章
老子式的內聖外王

　　治人、事天，莫若嗇。夫惟嗇，是謂早復；早復，謂之重積德；重積德，則無不克；無不克，則莫知其極；莫知其極，可以有國；有國之母，可以長久。是謂深根固蒂，長生久視之道。

・治人：國政。小心人的物欲。

　事天：祭祀。存養天的性德。

　憨山註：「老子所言人天，莊子解之甚明。如曰：不以人害天，不以物傷性。蓋人，指物欲。天，指性德也。」

・嗇：

　1. 儉→返樸→重質。

　　　子曰：先進於禮樂，野人也（質重於文）；後進於禮樂，君子也（文質彬彬）。如用之，則吾從先進。──治人上的嗇。

　　　子曰：禮，與其奢也，寧儉；喪，與其易也，寧戚。──祭祀上的嗇。

　2. 就是吝嗇的意思。

　　　要懂得對生命吝嗇。對什麼都可以慷慨，生命不能。

・早服：

　1. 早服就是早服氣。

　　　早點認清人是從大自然走出來，人只是大自然的一部分，私智私才是有限的，停止自我膨脹，停止脫離整體，停止理性的驕傲，早點服氣大道與本心。

2. 早服就是早復，早點恢復。

早點回到生命的根，早點了解生命的本質，早點返回真理的原始狀態。早復，《周易》叫「不遠復」。

憨山註：「此復字，是復卦不遠復之意。言其速也。又如一日克己復禮，天下歸仁之意。」

- 重積德：

不管是早服還是早復，這個心行動就叫「重積德」。

憨山註：「莊子曰，賊莫大於德有心。然有心之德施於外，故輕而不厚。」做事一刻意，就輕薄了。

- 無不克：沒事做不了。

克，能也。

- 莫知其極：成熟的能力沒有盡頭。

- 國之母：指嗇與早服是治國的母原理。

- 長久：長治久安。

- 深根：深埋生命的根　→　內聖。

- 固蒂：打好成熟的底子　→　內聖。

- 長生：幫助他者的成長　→　外王。

- 久視：宏觀，大視野　→　外王。

- 嗇＝早服＝重積德　→　無不克　→　莫知其極　→　國之母　→　長久

　　內聖　　　　　　　　　→　　　　　　　　　　外王

　　深根固蒂　　　　　　　→　　　　　　　　　　長生視久

第六十章
無為之治與三種傷人者

治大國若烹小鮮。

以道蒞天下,其鬼不神。非其鬼不神,其神不傷人。非其神不傷人,
聖人亦不傷人。夫兩不相傷,故其德交歸焉。

第一節　無為之治

· 治大國若烹小鮮:

小鮮,小條的鮮魚。

煎小魚不能一直翻面,翻太多會爛,比喻治大國以「無為」、「不擾民」
為要。

憨山註:「凡治大國,以安靜無擾為主,行其所無事,則民自安居樂
業,而蒙其福利矣。故曰若烹小鮮。烹小鮮,則不可撓(按:擾動),
撓,則靡爛而不全矣。」真傳神,用煎魚比喻無為治國。

第二節　三種傷人的力量

· 以道蒞天下,其鬼不神:第一種傷人的力量──鬼道。

蒞,臨也。

鬼,歸也。力量的收縮。

神,伸也。力量的伸張。

在上古,鬼神是很樸素、自然的觀念。

以道治天下，連鬼的力量都不伸張。

鬼有二解：1. 真鬼。2. 鬼域人心。

憨山註：「若以道德君臨天下，則和氣致祥，雖有鬼而亦不神矣。不神，謂不能為禍福也。」

・非其鬼不神，其神不傷人：第二種傷人的力量——神道。

伸張的力量也不會傷人。

這裡的神道，指大自然的力量？

種種生態災難的反撲——臭氧層破洞、水源污染、食物鏈破壞、溫室效應，都是神力量對「不道」的傷害。

・非其神不傷人，聖人亦不傷人：第三種傷人的力量——聖人之道。

聖人治國，不以有為、執著、成見傷害百姓。例如：勉強去實行一個空泛的政治主張。

王弼：「道洽，則神不傷人，神不傷人，則不知神之為神。道洽，則聖人亦不傷人，聖人不傷人，則不知聖人之為聖也。……夫恃威網以使物者，治之衰也。使不知神聖之為神聖，道之極也。」

是的，越在衰世，偶像崇拜、宗教鬼神的力量就越大。

・兩不相傷，故其德交歸：

天人合一，至德交感————

天 → 性：物性／個性	命定	積德		
群性	無為 →	無為	內聖外王 →	凝命・結晶化
神性	天命	學道		→ 德命→通天・鬼神

第六十一章
下智慧

　　大國者下流，天下之交，天下之牝。牝常以靜勝牡，以靜為下。故大國以下小國，則取小國；小國以下大國，則取大國。故或下以取，或下而取。大國不過欲兼畜人，小國不過欲入事人，夫兩者各得其欲，故大者宜為下。

‧下流：流向下、低、謙、卑的生命向度。

‧天下之交，天下之牝：

　　整個天下人才交會之地。

　　整個天下生命的泉源。牝，母獸。

‧牝常以靜勝牡：

　　母獸超越公獸，靜超越動，包容超越進取，媽媽原則超越爸爸原則。

‧下以取：用下智慧取得小國的歸心。（以是主動用語）

　　下而取：用下智慧取得大國的信任。（而是被動用語）

　　「下智慧」，這不是兩岸的解套方法嗎？

　　加上孟子原則，大國的下是仁厚，小國的下是身段柔軟。

第六十二章
人離不開道

道者，萬物之奧。善人之寶，不善人之所保。美言可以市，尊行可以加人。人之不善，何棄之有。故立天子、置三公，雖有拱璧以先駟馬，不如坐進此道。古之所以貴此道者何，不曰求以得，有罪以免耶，故為天下貴。

· 道者，萬物之奧，直接翻譯：真理是萬物的奧祕。

奧有二解：

1. 堂屋中陽光照不到的地方。

　堂奧，堂屋中陽光處與陰影處。也有說外堂與內室。

　憨山註：「有室必有奧。但人雖居其室，而不知奧之深邃。以譬道在萬物，施之日用尋常之間，人日用而不知，故如奧也。」比喻真理的既深奧又尋常。

2. 奧→暧也（一音之轉）。暧，蔽障。

　喻道之公開蔽蔭萬物。

　王弼：「奧，猶暧也。可得庇蔭之辭。」

· 善人之寶，不善人之所保：

真理是善人的寶貝，不善人的私心想保有的東西。

善人自然擁有，不善人希望得到卻沒有真的用心力。

· 美言可以市：老子一向不鼓勵言語，但真能夠把真理介紹得美好、適當，一樣有經濟價值──可以市。

尊行可以加人：尊而行道，可以加人之德。

美言還是不如行動。

・人之不善，何棄之有：就算不好的人，何必放棄道呢？那麼大公而
　具用。

・雖有拱璧以先駟馬：

　拱，雙手捧負之意。拱璧，雙手才能捧起的大璧。

　以，及也。

　先，同駪。《說文解字》：「馬眾多貌。」

　駟馬，拉車的馬數，四馬為一車。

・坐進此道：坐進真理的學習。

・不曰求以得：不是說求仁得仁嗎？

　《論語》：「子曰：我欲仁，斯仁至矣。」

　《孟子》：「求則得之，舍則失之，是求有益於得也，求在我者也。」講
　真理的本自具足。

　有罪以免：行道可以免於罪譴。

第六十三章
無為的詭辭功夫

　　為無為，事無事，味無味。大小，多少。報怨以德。圖難於其易，為大於其細；天下難事必作於易，天下大事必作於細。是以聖人終不為大，故能成其大。

　　夫輕諾必寡信，多易必多難。是以聖人猶難之，故終無難。

　　這一章的內容是深邃的「詭辭」。
　　詭辭的人間應用──將詭辭「用」了。
　　或者說這一章是無為哲學的詭辭化。

第一節　無為詭辭化

・為無為，事無事，味無味：
　　就是為「無為」之為，事「無事」之事，味「無味」之味。
　　為「無為」──就是去行動沒有要求、目的、設限、期待的行動。
　　（因為沒有要求、目的、設限、期待的行動是最高效的行動。）
　　事「無事」──就是去做每一件事，抱著天下本無事的情懷去做。
　　（用無所事事的步伐走向千頭萬緒的人生。）
　　味「無味」──品嚐解除所有勝負榮辱、得失成敗之後的人間真味。
　　（百無聊賴，若有滋味。）
　　憨山註：「凡有為，謂智巧。有事，謂功業。有味，謂功名利欲。此三者，皆世人之所尚。然道本至虛而無為，至靜而無事，至淡而無味。獨

聖人以道為懷，去彼取此。故所為者無為，所事者無事，所味者無味。」

- 大小，多少：

大事小做，多事少做。

大「小」——做大事，用平常心做。平常心的智慧。

（大指外在的現實，小是內在的修養。）

多「少」——事情很多，只做好當下一件。一件事哲學。

（奧修說人生之所以煩惱，就是因為我們每天想做太多事。）

- 報怨以德：有兩個深邃的解釋——

1. 用自己的成長成熟（德）回報對方的負面情緒（報怨）。

用成長代替報復。（這一解深化孔子原則。）

2. 用關懷對方的真心去敲打對方啊！

用慈心代替報復。（這一解違背孔子原則。）

報怨、報復是可以的，只要這是一種幫助自己或對方長大的方式。

心懷成熟，拔刀相向！

- 如果照上文解析這一章《老子》的句法，句子的前半「為、事、味、大、多」是立下討論對象，句子的下半「無為、無事、無味、小、少」則是指面對與處理該對象的方法與修養了。同理，「報怨」是對象，「以德」是方法；那麼，這裡面的功夫就很「毒」了！真是直、狠、準、深的報怨以德。

- 圖難於其易，為大於其細；天下難事必作於易，天下大事必作於細：

圖難於其「易」，天下難事必作於「易」——用雲淡風輕的心懷赴難。

（難著做，更難；悠著做，反易。）

為大於其「細」，天下大事必作於「細」——用微風細雨的心情承擔。

（大事大做，容易做不好；大事細做，細活緩緩幹。）

第二節　不落二邊

‧夫輕諾必寡信，多易必多難。是以聖人猶難之，故終無難：

第二節費解。

這一節反而不同意上一節一直稱許的「輕」、「易」。

深層意義：輕、易其實指的是一種無為的修養與態度，但一旦執著、依賴輕、易，輕、易反而就會變成不輕、不易的僵化了。所以第二節是第一節的補充說明，輕與重、易與難、無與有、出與入……都不能執著任何一邊，這才是更高義的無為與輕易。

所以在這一節，老子進一步提醒：連無為都要將之無為掉，才是真無。

憨山註：「天下之事至難者，有至易存焉。至大者，有至細存焉。人不見其易與細，而於難處圖之，大處為之，必終無成。苟能圖之於易，而為之於細，鮮不濟者。」「余少誦圖難於易為大於細二語，只把作事看。及余入山學道，初為極難，苦心不可言。及得用心之訣，則見其甚易。然初之難，即今之易。今之易，即初之難。然治心如此，推之以及天下之事皆然。此聖人示人入道之真切工夫也。志道者勉之。」憨山大師解釋易與難之間的界線是模糊的。

附文

人間無味是清歡

是啊！老子的詭辭就是 A 與 -A 的表達方式──舉重，得若輕；顯才，須不才；無味之味，在清歡。

我才知道，一敗塗地後的心領神會。

我才知道，頹唐後的滋味，是放下所有榮與辱、得與失、浮與沉、頹唐與歡快等等對立性之後的人間真味。

辛棄疾的體會則是「味無味處求吾樂，材不材間過此生」。

我才知道，盡處收，闔中開。我才知道，為什麼王維說「行到水窮處，坐看雲起時」，因為人生「窮」途了，才「看」得見一些更重要的東西。我也才知道，為什麼王維這兩句詩的前一句是「勝事空自知」，因為落寞讓空性出現，空性出現了，才會懂得人間勝事！

因為，強大的失落後是強大的放下，強大的放下後是強大的自由。

因為，敗裡求德，一敗塗地後自有海闊天寬。

原來，大病後有乾坤，大敗後滋味長，大難後有大德，大死後有大生。

原來，百無聊賴，若有所味。

原來，人間無味是清歡。

第六十四章
無為、第一念、第二念

　　其安易持，其未兆易謀。

　　其脆易破，其微易散，為之於未有，治之於未亂。合抱之木，生於毫末；九層之臺，起於累土；千里之行，始於足下。

　　為者敗之，執者失之。聖人無為，故無敗；無執，故無失。

　　民之從事，常於幾成而敗之。慎終如始，則無敗事。

　　是以聖人欲不欲，不貴難得之貨，學不學，復眾人之所過，以輔萬物之自然，而不敢為。

　　這一章談精微的心靈動作。

第一節／第二節　第一念／第二念

・其安易持，其未兆易謀：

　　下面一大段註解是憨山大師講論「清淨心→感應力→第一念」的概念。

　　憨山註：「治人事天工夫，全在於此：安與未兆，蓋一念不生，喜怒未形，寂然不動之時，吉凶未見之地。乃禍福之先，所謂幾先也。持字，全是用心力量。謂聖人尋常心心念念，朗然照於一念未生之前，持之不失，此中但有一念動作，當下就見就知。是善則容，是惡則止，所謂早復，孔子所謂知幾其神乎。此中下手甚易，用力少而收功多，故曰其安易持。兆，是念之初起。未兆，即未起，此中喜怒未形。而言謀者，此謀，非機謀之謀，乃戒慎恐懼之意。於此著力，圖其早復，蓋第一念為

之於未有也。」

· 其脆易破，其微易散：

接著是講第二念。

第一念接近「無→覺」的心靈狀態。

第二念接近「無→覺→在」的心靈狀態。

憨山註：「若脆與微，乃是一念始萌，乃第二念耳。然一念雖動，善惡
未著，甚脆且微，於此著力，所謂治之於未亂也。」

第三節／第四節　保持無為的精神狀態

· 三、四兩節都在講「保持無為的精神狀態」，第四節更有提及無為心要
警醒到事情完成之前的階段。

憨山註：「常民不知在心上做，卻從事上做，費盡許多力氣，且每至於
幾成而敗之。此特機巧智謀，有心做來，不但不成，縱成亦不能久，以
不知聽其自然耳。」

第五節　無為功夫

· 欲不欲：達成沒有欲望的欲望──聖人的欲望。

不貴難得之貨：不作物質慾望的奴隸。

學不學：學習非知識性的學、「為道日損」之學、不執著之學。

復眾人之所過：回到很多人容易錯過的心靈狀態──清淨與感應。

萬物之自然：萬物都有自己本身的生命節奏。

不敢為：不敢亂做人為造作的動作。（事實上咱們一天裡做很多。）

第六十五章
以愚治國

　　古之善為道者，非以明民，將以愚之。民之難治，以其智多。以智治國，國之賊；不以智治國，國之福。知此兩者，亦楷式；能知楷式，是謂玄德。玄德深矣遠矣，與物反矣，乃至於大順。

　　以愚治國，就是以心靈經驗治國的意思。

・古之善為道者，非以明民，將以愚之：
　　老子的「愚」不是愚弄，而是頭腦作用的歸零。
　　頭腦作用歸零↑↓心靈作用提升。
・民之難治，以其智多。以智治國，國之賊；不以智治國，國之福：
　　憨山註：「此言聖人治國之要，當以樸實為本，不可以智誇民也。」「此重在以字。」以是運用的意思。
　　在這裡，扼要的說，老子認為「智」是慾望的工具。
・憨山註：「楷式，好規模也。」
・憨山註：「玄德，謂德之玄妙，而人不測識也。」
・玄德深矣遠矣，與物反矣，乃至於大順：
　　憨山註：「民之欲，火馳而不返，唯以此化民，則民自然日與物相反，而大順於妙道之域矣。語曰，齊一變至於魯，魯一變至於道。猶有智也。況玄德乎。」
　　這裡的「物」是指物質慾望。玄卻是內在的智慧與修養。

附文

生命的三種選擇──智、愚與玄

在《道德經》六十五章，老子提出了三種人生：

一、選擇「愚」的人生──這是天然人、內在人、來（守護心靈）、
　　成道之道。
二、選擇「智」的人生──這是聰明人、外在人、往（奔赴人生）、
　　成功之道。
三、選擇「玄」的人生──這是全人、內外人、來往往來、成熟之道。

首先，老子的「愚」不是愚弄或笨，而是指頭腦作用的歸零。頭腦作
用歸零，心靈作用提升──這是一個修行人的反比操作。

如果我們真的在每天的生活中減少頭腦作用，會有兩種相反的可
能性：

　1. 提升心靈。（這是覺知／用心觀照）
　2. 落入慣性。（這是無明／不思不想）

愚者其實是天然人，通過頭腦作用的停止讓自己回到天真混沌的生命狀
態。但要小心稍一失覺，愚就會變成真笨。

老子所說的「智」接近機巧聰明的頭腦狀態，但老子認為「智」其實
是慾望的工具，而慾望之道是鐵定沒好下場的。

愚人生有可能滑失，智人生會越走越沉重！所以老子真正的建議是
「玄人生」。

　　這玄人生，老子又稱為「楷式」，憨山大師則註解說這是「好規模」。那什麼是玄人生呢？玄人生就是全人生——整全、一體、動態、不二的生命狀態，就是：

　　愚智、心腦、心靈經驗頭腦作用、右腦左腦、天人、東西、內外、有無……整合相生的生命狀態啊！

　　有無相生謂之玄，智愚相生謂之玄，練習頭腦與心靈不絕對話與整合的能力，就是玄人生與全人生！

第六十六章
下智慧（二）

　　江海所以能為百谷王者，以其善下之，故能為百谷王。是以聖人欲上民，必以言下之；欲先民，必以身後之。是以聖人處上而民不重，處前而民不害，是以天下樂推而不厭。以其不爭，故天下莫能與之爭。

　　下智慧是講人際關係，尤其是上對下關係的柔軟智慧與身段。
　　（參第六十一章）

・下智慧：
　1. 自然匯聚能量、人心的傾注。
　2. 謙下，他人心不生防範，容易傾注能量、影響到他人的心器中。
　3. 心甘情願被下智慧領導。
　　　例如：宋江、劉備、劉邦、下象棋……都是下智慧的應用。
・憨山註得有深意：「莊子所謂兼忘天下易，使天下忘己難。此則能使天下忘己，故莫能與之爭耳。」

第六十七章
大道無形、老子三寶與慈母哲學

天下皆謂我道大似不肖，夫唯大，故似不肖。若肖，久矣其細。

我有三寶，持而保之：一曰慈，二曰儉，三曰不敢為天下先。慈故能勇，儉故能廣，不敢為天下先，故能成器長。今舍慈且勇，舍儉且廣，舍後且先，死矣！夫慈，以戰則勝，以守則固，天將救之，以慈衛之。

第一節　大道無形

· 天下皆謂我道大似不肖，夫唯大，故似不肖。若肖，久矣其細：

憨山註：「言其廣大難以名狀也。不肖，如孔子云不器。太史公謂孟子迂遠而不切於事情之意。即莊子所謂大有徑庭，不近人情也。」「肖者，與物相似。如俗云一樣也。」

大道無形，大道不器。

真理很生活化，但不具體，對一般人來說什麼都不像。

道的廣大性——大＋道的隱藏性——不肖。

第二節　老子三寶

· 慈故能勇：愛是勇氣的根。

誰是最好的例子？

· 儉故能廣：簡單是豐富的根。

凡簡單最豐富，樸素裡有無限生機。

《說文解字》:「儉,約也。」——守約、約束、簡約。

《繫辭傳》:「易簡而天下之理得矣。」

變化的是現象,但現象背後的大原則一定是簡易的。

例如:圍棋黑白子、練功基本功、無為清淨心。

‧不敢為天下先,故能成器長:能謙退的大氣度造就人中之長器。

‧舍慈且勇:勇氣失去根源。

沒有根的血氣之勇,盲動!

‧舍儉且廣:放棄簡樸,沒有根的變化,只落得形式的遊戲,玩形式早晚玩到死巷中。

豐富不能沒有簡單的根——以簡御繁。

例如:文字遊戲的文學作品、精巧卻匠氣的造形藝術(像清代)、沒有深度卻建構精確的學術理論、沒有內涵的網美……

‧舍後且先:放棄氣度,做個斤斤計較的小人。

‧死矣:

憨山註:「此死字,非生死之死,如禪家所云死在句下。蓋死活之死,言其無生意也。以世人不知大道之妙,但以血氣誇侈爭勝做工夫,故一毫沒用頭,皆死法,非活法也。」

‧夫慈,以戰則勝,以守則固,天將救之,以慈衛之:

憨山註:「故王師無敵,民效死而勿去,皆仁慈素有所孚,故為戰勝守固之道。」「聖人法天利用,而以慈為第一也,世俗惡足以知之。故知治世能用老氏之術,坐觀三代之化。所以漢之文景,得糟粕之餘,施於治道,迴超百代耳。此老子言言皆真實工夫,切於人事,故云甚易知易行。學人視太高,類以虛玄談之,不能身體而力行,故不得其受用耳。惜哉。」

老子的媽媽哲學、慈母哲學、如慈母之為弱子慮、無微不至戰無不勝法、能量聚焦法——都是實用法門。

老子講「慈」,孔子說「仁」,最大。

第六十八章
不爭之爭／爭戰哲學

　　善為士者不武，善戰者不怒，善勝敵者不爭，善用人者為之下。是謂不爭之德，是謂用人之力，是謂配天，古之極。

・不爭之德：不動心、內心無為、無私欲、無執之爭。

　　其實是不爭之爭。

　　從心靈面（不爭）到技術面（之爭）的修為。

　　包括四項——

　　善為士者不武：兵不得已而用，不是為了耀武揚威。

　　善戰者不怒：不動氣，不動心，氣不浮。

　　　　　　　　心要淨→感要靈→應要準→出手要「毒」。

　　　　　　　　例如：武士道的居合拔刀術。

　　　　　　　　例如：太極拳的「觸著便轉」。

　　善勝敵者不爭：沒有爭勝心，才有可勝道。

　　善用人者為之下：以上下下，下仁，用晦而明，用柔，用謙。

・用人之力：借力使力的原始版。

　　　　　　領袖的借力使力就是起用賢才。

・是謂配天，古之極：

　　1.有說古字是衍文。配天之極，相配真理的全方位展開。

　　2.如果是「古之極」，就是配合真理與古代文化傳統的的全方位展開。

第六十九章
用兵的仁心與無為

用兵有言：吾不敢為主而為客，不敢進寸而退尺。是謂行無行，攘無臂，仍無敵，執無兵。禍莫大於輕敵，輕敵幾喪吾寶。故抗兵相加，哀者勝矣。

・用兵有言：兵法家的說法。
・不敢為主而為客，不敢進寸而退尺：有「道與技」兩個方向的解釋──
　　1. 主客進退是主動出兵與被動防衛的意思。──這是大兵家的仁心。
　　2. 主客進退是攻擊戰法與防守戰法的意思。──這是後發制人、謀定
　　　　後動、靜候戰機的用兵哲學。
　　（下文的文字也是可以順著這兩個方向去註解。憨山是比較用慈、仁的
　　　第一個角度去解釋。）
・行無行：第二個行字音杭，列兵之意。
　　行無行就是保持戰鬥能量而不陳兵勢。
　　（同樣可以用上文兩個詮釋方向去理解。下同）
・攘無臂：攘是振臂。
　　保持出拳的心理準備但沒有動作。
・仍無敵：仍，就也。
　　進入戰鬥位置但不表現敵意。
・執無兵：兵指五兵器械，戈矛殳戟干。
　　不顯露武器。
・禍莫大於輕敵，輕敵幾喪吾寶：

1. 憨山註：「禍之大者莫大於輕敵。以輕敵則多殺，多殺則傷慈，故幾喪吾寶矣。」寶指老子三寶的慈。

2. 輕敵冒進是兵家大忌，寶則指後發制人的無為哲學。

‧抗兵相加，哀者勝矣：

抗兵是對抗中的軍隊。

哀，哀憐。也是慈的意思。

所以哀兵必勝就是慈兵必勝。《韓非子‧解老篇》：「聖人之於萬事也，盡如慈母之為弱子慮也，故見必行之道，見必行之道則明，其從事亦不疑，不疑之謂勇。不疑生於慈，故曰：慈故能勇。」

慈的做事修養就是戰無不勝法。

補充憨山的說法：「然慈，乃至仁之全德也。所謂大仁不仁。以其物我兼忘，內不見有施仁之心，外不見有受施之地。」

第七十章
道的簡易性、深刻性……

　　吾言甚易知，甚易行。天下莫能知，莫能行。言有宗，事有君。夫惟無知，是以不我知。知我者希，則我者貴，是以聖人披褐懷玉。

・甚易知，甚易行：

　　道的簡易性——真理有祂很簡單的一面。

　　真理是容易理解，可從可行的。

　　《繫辭傳》的易簡原理——

　　乾以易知→易則易知→易知則有親→有親則可久→賢人之德

　　坤以簡能→簡則易從→易從則有功→有功則可大→賢人之業

　　　　→易簡而天下之理得矣，天下之理得，而成位乎其中矣。

・天下莫能知，莫能行：

　　道的深刻性——真理也有祂很不容易的一面。

・十七章點出與道的五層關係——從不二到決裂

　　（不知有之→親之→譽之→畏之→侮之）

　　與道的第一層關係：沒關係，不知有道，人道不二。

　　與道的第二層關係：開始分開，還知近道，人道為二。

　　與道的第三層關係：破裂出現，道成了意識形態，離道日遠。

　　與道的第四層關係：大裂之世，道成了宗教與偶像，天人分裂了。

　　與道的第五層關係：正式決裂，道成了敵對，無道的人間。

・上士聞道，勤而行之：最好的道家還是重視行動。立馬做！

　　中士聞道，若存若亡：半信半疑，做做停停。

下士聞道，大笑之：群眾只懂得抓具體與現實。

不笑，不足以為道：誤解是成長的必修學分。

・言有宗，事有君：理論要有主題，行事要有原則。

・夫惟無知，是以不我知：

老子說除非放下知識的成見與執著，否則不能了解自我生命的真相。

憨山註：「且如一往所說，絕聖棄智，虛心無我，謙下不爭，忘形釋智，件件都是最省力工夫，放下便是，全不用你多知多解。只在休心二字，豈不最易知最易行耶。然人之所以不能知者，因從來人人都在知見上用心。除卻知字，便無下落。」

・披褐懷玉：褐，粗衣。

披褐，態度質樸。懷玉，內心豐富。

這一句講修德的感覺。

對映「盛服藏刀」。

附文

披褐懷玉、賣衣買刀與盛服懷刀

有三句厲害的話,代表三種「態度」:

第一句是老子說的「披褐懷玉」── 一個有道者生活樸素簡約,但內心含藏著天地間最珍貴的寶玉啊!

第二句是耶穌叮囑門徒的「賣衣買刀」──放棄繁華的世俗生活,去換一張追尋真理的心刀吧!修行必然是真刀真槍的。

第三句是象徵儒家精神的「盛服懷刀」──在盛大的袍服之下,藏著的依然是一張學道的心刀啊!

老子與耶穌都勸人披褐、賣衣,這是放棄世俗的「超越相」,儒家則主張身著盛服,這是禮樂途徑的「文化相」;出世入世不同,但內在懷玉、買刀、懷刀的追尋真理的意志是一至的。途徑不同,但都是為了更深刻的內在理由。

第七十一章
頭腦與疾病

　　知不知，上；不知知，病。夫惟病病，是以不病。聖人不病，以其病病，是以不病。

- 知不知，上：
  知不知，知道「不知」的修為。
  懂得取消對知識的執著。
  懂得放棄對知識的追逐。
  拒絕知識的奴役。
  上，生命成長。
- 不知知，病：
  不知知，不懂得知識的危險。
  不懂知識的性質、意義、功能、限制、陷阱、危險，這是頭腦性的毛病。
  王弼：「不知知之不足任，則病也。」
- 整理這兩句話，老子要告訴我們兩種態度：
  1. 懂得不被知識抓住──知不知。
  2. 不了解知識的功能與限制──不知知。
- 夫惟病病，是以不病：
  第一個病字是動詞，懂得以病為病，正視病，知病的意思。（不是每個人都知病的，自觀的能力每個人都是不一樣的，四聖諦的第一諦「苦諦」就是知病、知苦的能力。

第二個病字是名詞，人性中的貪、瞋、頑、執、私、懶、賴……

第三個病字，不病就是把病「不」掉，就是治癒生命的糾纏與扭曲的意思。

這句話的相反就是：不知道（或不承認）自己生病才是真正的生病。

‧聖人不病，以其病病，是以不病：

聖人不病，就是「不」掉病，治病的意思。聖人的生命是從許多生病經驗、頓挫經驗、反面經驗的面對、了解、治癒後成長過來的。所謂「反者道之動」、「屈伸之道」──不要害怕負面經驗，負面經驗是成長的動力。

‧拒絕知識與頭腦成為生命的主人，真正的生命成長才可能發生。

不了解知識與頭腦的危險與性質，發生的將是疾病。

事實上，疾病是一個嚴峻的提醒，提醒什麼？提醒：該開始治療了。所以這段老子真正要說的是：無為、疾病、治療是三件重要的事。

‧奧修說頭腦作用：

「給頭腦裝一個開關，學會對頭腦說：『閉嘴！』學會停止頭腦喋喋不休的能力。

休息讓頭腦充滿魅力，寧靜讓頭腦變得強而有力。相反的，如果頭腦一直工作，會變得愈來愈乏味。

存在是主人，頭腦是僕人。在主人的領導下，頭腦可以是一個強而有力的僕人。當主人不需要僕人的時候，可以隨時停止僕人的工作。」

「要小心不要讓僕人變成主人。」

第七十二章
民間英雄

民不畏威，大威至矣。無狹其所居，無厭其所生，夫惟不厭，是以不厭。是以聖人自知不自見，自愛不自貴。故去彼取此。

這一章是在講民間英雄的胸襟氣魄？

・民不畏威，大威至矣：
  如果老百姓都能夠不畏強權、不受脅迫、不懼生死，真正人民力量的威勢就出現了。歷史上多次出現過這種「威」。
  老子肯定人民的力量。

・無狹其所居：
  居是性靈居養之地。
  性靈居養之地必須廣大，縱使現實上是陋室、蝸居。
  廣指心靈世界，大指真理汪洋。人的胸襟不能窄化。

・無厭其所生，夫惟不厭，是以不厭：
  第一、二厭字，指厭惡、放棄。
  第三厭字是「饜」的假借字，指飽足、滿足。
  不失去對生命的熱情，生命才不會停滯。

・自知不自見：自我了解但不自我膨脹。
  自愛不自貴：愛自己不等於要比別人高，人要有傲骨但不能有傲氣。

第七十三章

兩種態度
──勇於敢與勇於不敢

勇於敢則殺，勇於不敢則活。

此兩者，或利或害。天之所惡，孰知其故，是以聖人猶難之。天之道，不爭而善勝，不言而善應，不召而自來，繟然而善謀。天網恢恢，疏而不失。

這一章其實是在講「勇於敢與勇於不敢」兩種生命選擇。

老子傾向同意哪一種？

第一節　兩種態度與選擇

·勇於敢則殺，勇於不敢則活：

勇，義無反顧的投入。

敢，勇敢、果敢、冒險。

殺不是死，殺伐果斷的意思。

不敢的「不」，還是老學的慣用手段，不就是取消、清除、無為、刪除、delete……的意思。就是把敢「不」掉，不執著敢的意思。

活不是生，活其實是靈活的意思。能夠無為，就靈活。

意思很清楚了：投入勇者的生命選擇，殺伐果斷。

投入無為者的生命選擇，活潑靈動。

這是兩種的生命選擇與態度。老子沒正面說哪一種比較正確。

第二節　天道的傾向？

‧此兩者，或利或害：上述兩種態度，各有利害，不一定，看情況。

‧天之所惡，孰知其故，是以聖人猶難之：

　天意是整體性、全方位判斷，很難說的。

　猶，慎重之意。

‧天之道，不爭而善勝：到最後，誰贏得了老天。例如：生態反撲。

　不言而善應：如響斯應，就來，不會預告。

　不召而自來：老天爺的節奏不是為任何人而設的。

　繟然而善謀：音闡，舒緩也。老天爺的行進是自然而精密的。

‧天網恢恢，疏而不失：恢恢，寬廣。

　會發覺老天爺有時候會打瞌睡，但老天爺打瞌睡也是有深意的。

第七十四章
邢殺有嚴重的副作用

　　民不畏死，奈何以死懼之。若使民常畏死，而為奇者，吾將執而殺之，孰敢。常有司殺者殺，夫代司殺者殺，是謂代大匠斲，夫代大匠斲者，希有不傷手矣。

- 民不畏死，奈何以死懼之：
　本質上，老百姓是不怕死的。
　生存很重要，但不是人性中最核心的東西。
- 若使民常畏死，而為奇者，吾將執而殺之，孰敢：
　這幾句是說從比較低的層次，老百姓怕死，那就用邢殺使民懼。
　王弼：「詭異亂群謂之奇也。」
- 常有司殺者殺：
　常，常道。
　司殺者，上天掌管邢殺的力量。
- 斲：砍、削。
- 希有不傷手矣：殺人是一定要付出代價的，一定有副作用的。

第七十五章
關於生存動力的討論

　　民之飢，以其上食稅之多，是以飢。民之難治，以其上之有為，是以難治。民之輕死，以其求生之厚，是以輕死。夫惟無以生為者，是賢於貴生。

　　一連幾章，老子都在討論一些當日的現象。憨山註：「教治天下者當以淡泊無欲為本也。」

・民之飢，以其上食稅之多，是以飢：就是殘民以逞。
・民之難治，以其上之有為，是以難治：政府的政策、動作越多，民間的對策、鑽營就越多。
　　憨山稱為「驅民以致盜」。
・民之輕死，以其求生之厚，是以輕死：你不讓老百姓活，老百姓就跟你拼了。
・無以生為者，是賢於貴生：這一句不管對上位或百姓，都適用。
　　不以生存為生命目標，優於重視生存的人生觀。不管對生命價值或對生存機率來說，都是。
　　還是可以用「人性四元論」來分析：

物性我 → 個體生存　　最低生存動力
群性我 → 集體生存　　次低生存動力
個性我 → 意義生存　　次高生存動力
神性我 → 真理生存　　最高生存動力

　這一句老子的生（存）是指物性我的個體生存。

　凡生存動力越高，能量越強大，也越能照顧較低層的生存動力。這就是「無以生為者，是賢於貴生」的道理。

第七十六章
柔弱勝剛強

　　人之生也柔弱，其死也堅強。萬物草木之生也柔脆，其死也枯槁。故堅強者死之徒，柔弱者生之徒。是以兵強則不勝，木強則共。強大處下，柔弱處上。

・憨山註：「經曰，此土眾生，其性剛強，難調難化。故老子專以虛心、無為、不敢，為立教之本。」
・柔弱：取生之道・柔脆・自勝之道・免禍之道・成長之道（上達）
　剛強：取死之道・枯槁・不勝之道・取禍之道・僵化之道（下達）
・共：拱也。兩手合圍謂之拱。木巨則有砍伐之禍。

第七十七章
老子三道

天之道，其猶張弓與？高者抑之，下者舉之；有餘者損之，不足者補之。

天之道，損有餘而補不足。人之道則不然，損不足以奉有餘。孰能有餘以奉天下，唯有道者。

是以聖人為而不恃，功成而不處，其不欲見賢耶！

第一節　天道猶弓

・天之道就是自然之道。

・彎弓發箭，妙喻！

第二節　老子三道──天之道、人之道、有道者之道

・天之道，損有餘而補不足：

例如：父母常常比較疼笨的小孩。像唐三藏比較偏心豬八戒。

吃太多會瀉，餓了想吃。

炎極而寒，寒極而暑。

太跩了，會衰，衰久了，會出現轉機。

・人之道則不然，損不足以奉有餘：

人之道就是人為之道。

這人之道呀，無雪中送炭有錦上添花、「朱門酒肉臭，路有凍死骨」、殘民以逞、在窮人碗裡搶食……這是世情，例子太多了。

・孰能有餘以奉天下，唯有道者：

有道者之道就是成長之道。

憨山註：「以所養而養民。」說得清楚！

將自己厚養成磐石巨木般的大才（有餘），進而服務人群（奉天下）。

唯有道者懂得厚植自己，有志天下。

成長者之道打破了自然的限制──自然的過程就是由始而終，自然的來，自然的去，自然的始終。

成長者之道讓生命從自然人進入文化人：

　　前半段完成自己，這是內聖，首度由始而終。

　　後半段服務人群，這是外王，二度由始而終。

　　始 → 終始 → 終（無成有終／終始之道）

成長之道讓文化生命更立體與延續。

第三節　聖人無功

・其不欲見賢耶：其，豈也。

誰不想看到這樣的賢者啊！

第七十八章
水的智慧

　　天下莫柔弱於水，而攻堅強者莫之能先，以其無以易之也。故柔之勝剛，弱之勝強，天下莫不知，莫能行。是以聖人云，受國之垢，是謂社稷主；受國之不祥，是謂天下王。正言若反。

・天下莫柔弱於水，而攻堅強者莫之能先，以其無以易之也：
　水是最虛無、柔軟、沒個性的東西，但卻能穿山崩石、生滅大地，沒有東西能夠替代（沒有人不需要水）。

・柔之勝剛，弱之勝強：
　柔弱是最強大的力量。例如：武術、滿人比蒙古懂得懷柔、教育小孩、溝通之道……都是。

・天下莫不知，莫能行：柔弱之道也是知易行難。

・受國之垢，是謂社稷主；受國之不祥，是謂天下王：
　能夠承擔一國最骯髒、最不幸的災難、最難處理的事情，當然就是真正的領袖了。

・正言若反：詭辭正式版的說法。
　正理必須從反面的過程證實──直道曲成。

・水的哲學，柔弱智慧：
　1. 柔弱→勝剛強・力量不可限止
　2. 虛無→沒個性・沒執著
　3. 卑下→不爭・承擔

第七十九章
不望報之心

　　和大怨，必有餘怨，安可以為善。是以聖人執左契而不責於人，有德司契，無德司徹。天道無親，常與善人。

- 和大怨，必有餘怨，安可以為善：

　大怨一生，怎樣調和，都會有餘恨，再沒有什麼好事了。

　怨之所生，由於「望報」、「市恩」──我對你那麼好，你怎麼不回報我。本來是愛的關係，因一念望報的私心，否定了愛，轉變成緊張、負面的情緒──怨。

- 聖人執左契而不責於人：

　不責於人，不責報於人。

　憨山註：「此言聖人無心之恩，但施而不責報。」「莊子云，賊莫大於德有心。」「是以聖人無心之德，但施而不責報。故如貸之執左契，雖有而若無也。契，貸物之符券也。合同剖之，而有左右。貸者執右，物主執左，所以責其報也。有德司契，但與而不取，徒存虛契。」

　老子妙喻，莊子講得很好：「賊莫大於德有心。」

　第五十一章：「生而不有，為而不恃，長而不宰，是謂玄德。」

- 有德司契：有德者不責報於人，徒執空契。

- 無德司徹：徹有二義──

　1. 憨山註：「徹，周之賦法。謂時至必取於民，而無一毫假借之意。」

　2. 同第二十七章的「善行無徹迹。」做了好事不著痕跡。

- 天道無親，常與善人：

　這裡所說的善人就是不望報之人。

　越不望報，報越湧現。

第八十章
小國政治

　　小國寡民。使有什伯人之器而不用，使民重死而不遠徙，雖有舟輿無所乘之，雖有甲兵無所陳之，使民復結繩而用之。甘其食，美其服，安其居，樂其俗。鄰國相望，雞狗之聲相聞，民至老死不相往來。

・小國寡民：先點題──美麗的小世界。

・什伯人之器：

　憨山註：「什伯之器，並十曰什，兼百曰伯。器，材也。老子自謂以我無為之治，試於小國。縱使有兼十夫百夫之材者，亦無所用之，以民淳而無事故也。」指其才足治十人百人者。

・民重死而不遠徙：

　1. 土地情：有許多回憶。

　2. 宗族情：上有祖宗，下有子孫，人不會胡來。

　3. 鄉里情：許多一齊成長的老朋友。

　現代都市人三條線都斷了，死了叫「客死」！

・陳：列也。

・民復結繩而用之：

　連文字、知識都放棄？

　中國人很早就自覺文字、知識帶來的災難。例如：倉頡造字、渾沌之死。

・甘其食，美其服，安其居，樂其俗：

　這四句其實是在講安分的使用在地的產物及經濟。

．鄰國相望，雞狗之聲相聞，民至老死不相往來：

今天的反例：越多商業交流，越多資源耗費，越多生態污染，越多人心扭曲。

．老子的小國政治論：社區型國家型態。

──國家規模必須很小，不用管理人才，安土觀念，不鼓勵交通，不加強軍事，不強調文教，鼓勵在地經濟，不鼓勵商業流通。

可行嗎？有多少部分可行？有多少部分不可行？有多少概念有啟發性？

第八十一章

最後的提醒
——不言、不積德、天之道、聖人之道

> 信言不美，美言不信。善者不辯，辯者不善。知者不博，博者不知。
>
> 聖人不積，既以為人己愈有，既以與人己愈多。天之道，利而不害；聖人之道，為而不爭。

第一節　言語、知識的不靠譜

· 信言不美：誠信的言辭不經過修飾——質而不文。
　直爽的說出來。

· 美言不信：漂亮的巧言常常不發自內心——文而不質。

· 善者不辯：善學道的人，辯什麼，不言狀態。
　絕不跟「師」爭鋒——是為了「純粹性」。

· 辯者不善：好辯之徒，愛玩理論的，修道的根基是很差的。

· 知者不博：知道的人不嗜知，因為經歷了更高的滿足。
　博，什麼都會但什麼都不精的人，有這種人在絕無冷場但絕無意義
　——娛樂型朋友。萬事通＋半吊子。

· 博者不知：追逐知識的人不會知道。

第二節　《道德經》的收筆

・聖人不積：1. 不積財。2. 不強積德。

・既以為人己愈有，既以與人己愈多：

　德的特性是源源不斷，取用不盡，愈付出愈豐富。

　愈用愈有。

　愈四方奔走，愈內在豐盈。

　第五章：「橐籥」→「虛而不屈，動而愈出。」

・天之道，利而不害：

　憨山註：「天乃無言之聖，聖乃有言之天。以天道不積，其體至虛。故四時運而不竭，利盡萬物而不傷其體。故曰天之道利而不害。害，非害物之害，乃不傷己之意。」

・聖人之道，為而不爭：

　聖人還是為、有為、刻意、做事。

　但做完之後沒有忘記不爭，就是從有歸無。

　八十一章《道德經》最後還是結束於無為與玄道。

後記一
曾經，老子恍惚這樣說……

・生命具體獨特又同人于野，生命是說不完的。

・人生不是直線，生命是一場接一場不停歇的圓形之旅。

・每一次生命的移動最後、最好都回到「自我」的剝除與歸元吧。

・好事一定是自然發生的，刻意做不出來好事。

・發生好事，開始執著這才是好事，有一件壞事就會發生了：僵化。

・記住！無為自然是美好事情 1.0，執著僵化是人生災難 1.0。

・僵化就會落到一邊去了。
　「僵化」的問題怎麼解決？
　答案是：讓僵化繼續僵化，到沸點！
　然後，僵化會發生「跳躍」。

・會軟弱，一定是內心有慾望。

‧無慾的行動，清淨的行動；

　清淨的行動，無礙的行動；

　無礙的行動，自由的行動；

　自由的行動，靈活的行動；

　靈活的行動，高效的行動。

　所以，無慾的行動就是高效的行動。

‧為無為，做自然，行清淨，修減法。

　道家學問就是為無為。

‧真理不是拿來欺負人的，理性、知識常常是。

　心靈與愛不會製造糾紛，學術、意識形態經常會。

‧霸道永遠是小器的反映。

　霸道的人不肯付出時間與一顆心。

‧道體、佛性是一種「曖昧的實存」、「浩瀚的不確定」。

　為什麼不確定？因為，不落空有二邊。

‧天地間有一個最核心的東西，祂不能被摧毀，只會被壓制。

　無為就是將「壓制物」挪開。

‧做好事是情不自禁的能量湧現，做了好事不覺得有多了不起，這是真的。

　心中先存了一個做好事的念頭或想法，就是個人的慾望或私意了。

　事實上，最好的好事是不著痕跡的誘發對方成長。

・只要心裡有想完成一件具體的事的想法，就是慾望，就是私意。

・話太多，會困窘；空談理論，易貧乏。
　有無窮可能的是心靈，不是理性，更不是知識。

・無私是最高效的工作狀態。
　無私不只是道德問題，還是強大行動。

・不管面對豺狼虎豹，手段可以從權，心靈不可放棄。

・人間世所有的善良最後要回歸無為與不爭，才不會出現怨懟。
　回歸無為的善良才能保障是清淨與純粹的善良。
　善良不回歸無為，就會回歸僵化。

・心乾淨了，同時看到天上人間！
　心乾淨了，才能一身磊落的當個好官！

・無為是高效的行動策略。
　沒事是聰明的做事方式。

・老子說顧好巴豆，少看美女。
　放過慾望人生，寧取內在追尋。

・慾望與修道成反比──慾望的遞增與膨脹會導至心性的毀損與稀薄。
　相反的生活越單純，對物質的依賴越低。

．太看重自我等於是養「我」為患！

．老子留下一個千古等號，直透核心：
　自我＝災難。
　老子：貴大患若（貴）身。

．將自己變成一個空無，空無的經驗其實是很尋常的，一念空無，就是一
　個淨念，在一個淨念中做事，那一瞬間就是梵行。
　取消自我是根本大法。

．真正的無我者是大德者，
　高階的無我者是天下人。

．有一個東西看不見、聽不到、摸不著，而且不可思議，渾然一體，無縫
　無隙……這是什麼東西呢？在真理叫道體，在人性叫覺性，在修煉叫
　禪境。

．真正的虛不是沒有，是不設限；
　極至的靜不是無聲，是心乾淨。
　徹徹底底的虛靜就是「無為」了。

．佛性是變幻人生的根柢，良知是波瀾浩瀚的天命。

‧慈愛是勇氣的根。

　簡單是豐富的根。

　內在成熟是文化與制度的根。

　生活與真誠是藝術創作的根。

　佛性良知是變幻人生的根。

‧信不足焉，有不信：只有成熟的心才信得起真實的存在。

‧自我孤獨而淡默的安處當下，心海沒有一絲的波動，彷彿停留在連笑都
　還不會的初生嬰兒狀態，心如浮舟，並沒有一定要去哪裡啊……

‧老子二十章的經文可以約化成靜坐、入定時的四句口訣——
　「獨泊未兆」、「未孩之嬰」、「荒兮未央」、「乘乘無歸」。

‧愚人之心是一種不讓頭腦作用進入的精神狀態，
　修道就是要讓自己蛻變成一個偉大的傻瓜。

‧內在的精靈決定了人生的姿采。

‧曲線與弧形是天地的真理，委屈與扭曲是直道的奔赴。

‧破舊與疲憊是能量更新與活化的好機會。

‧一體性其實是生命的本質，自我是頑固的假象。
　所以一體性與自我其實是相反的精神狀態。

．長遠來說，剛強是一種脆弱的方法。

．「自我」是真理的餿水桶與死胖子。
　　──老子：其在道也，曰餘食贅行。

．自我膨脹的人不了解自己，自以為是的人心靈不澄澈。
　　臭屁的人取消了對對方的愛，自滿的人沒有生命的成長。
　　──老子：自見者不明，自是者不彰，自伐者無功，自矜者不長。

．再高明的專業必須返回生活，
　　再偉大的行動必須回歸空無。

．了解自己的英雄氣概，守好內在的柔弱心靈。
　　了解自己的聰明，守好內在的傻瓜。
　　享受人生的榮光，守好忍辱的智慧。
　　當官的必須是樸素的，壯偉的制度必然是不割裂的。

．如果某一刻，我們取消了對所有人（包括自己）的任何要求。
　　那麼在此刻，我們即是全自由人格。
　　不要求，是很核心的內在動作。

．內在愈清淨，愈會尖銳的感知，任何負面情緒都是包袱，而所有負面情
　　緒的源頭是自己的慾望。
　　所以對自己好最聰明的方法就是：無怨與無求。
　　多做一分，自由一分。

‧單純的暴力必然僵化，這是反真理原則，反真理一定提早完蛋。

‧人生道二：抓緊與放手而已矣。

　任何事情，不管正面還是負面，一抓緊→一連串的痛苦就一一現身。

　抓緊，成就痛苦。

　放手，讓出自由。

　是的，這很難，也很易，因為：

　有一分做不到，立馬產生一分痛苦。絕無折扣！

　相對的，做到一分，放手一分，就舒服一分。

　你呢，怎麼選？

‧愚、智相對：愚指收斂的修養，智是外露的精明。

　老子並沒有否定精明的厲害，只是警告太厲害是一種危險。

‧道體無形，人用之於左則左，人用之於右則右，人形之以方則方，人形

　之以圓則圓，或稱之為儒則儒，或稱之為佛則佛，或導之以東則東，或

　導之以西則西⋯⋯大道無形，隨心而用。

　終極真理是開放的、自由的、不設定、隨緣生。

‧不管是什麼人都必然倚仗她，她卻總是「說」不辛苦。

　每件事的完成都不能沒有她，她卻不覺得自己有功勞。

　每個存在都得到她的愛與養，她卻不認為自己是老大。

　「她」是誰呢？

　——老子：大道氾兮，其可左右，萬物恃之以生而不辭，功成不名

　有，愛養萬物而不為主⋯⋯

・心中沒有偉大，才有可能成就偉大；

　心中沒了計畫，才有可能兌現計畫；

　心中沒有輸贏，才有可能超越輸贏；

　心中沒有期待，才有可能實現自由。

　心中做到空空如也，才有能耐無中生有。

　這是奧修說的陰陽之道──越做 A，越會 -A，反之亦然。

　老子：聖人終不為大，故能成其大。

・欲望是最大的罪惡，

　不懂滿足是最大的禍患，

　希望得到是最大的災難。

・玩了好久好久的世間遊戲，

　帶領「我」走了好長的路，

　但我累了，不想玩了！

　告別世間遊戲！

　從此刻開始。

　老子：下德不失德，是以無德。

・第一等人：內、外在都乾淨──淨念梵行。

　　　　　　（清淨的愛，準確的愛，成熟的愛。）

　第二等人：內心還是有做作，但外在的愛是寬厚的。

　　　　　　（會傷心的愛。）

　第三等人：內在好多想法、意見，外在好多計畫、要求。

　　　　　　（有副作用的愛，傷人的愛。）

第四等人：內心好多規矩，外在沒人理會！

　　　　　（分裂的愛。）

你是哪一等好人？你發出的是哪一等愛？

老子用清淨的程度判斷愛的「純度」。

・反面經驗是真理發動的時機。

　在泥濘中學習最深刻的成長。

　學在混帳的日子裡活得朝氣蓬勃、生龍活虎。

・潛移默化──低姿態是聰明的教育策略。

・這人生啊，明朗的路燈火闌珊，向前的路總會曲折，平坦的路看似崎
　嶇；成熟的心胸大空如谷，高潔的品格不避塵垢，寬廣的德行卻彷彿一
　直沒有做好；建立道德要像小偷一般偷偷摸摸，生命質地純潔而行為卻
　沒個準兒；真正有大原則大方向的人反而不是稜角分明，真正有大器宇
　大才幹的人會是很晚才成熟的；偉大的音悄然無聲，壯大的象沒有
　形狀……

・塞其兌：塞住快樂，不要放大快樂。那不是快樂，是放縱。

　閉其門：關好心門，讓慾望進不來。那不是自然的慾望，是災難。

・用低位階的觀點要求高位階會狹隘，

　用高位階的觀點要求低位階是殘忍。

・做事一刻意，就輕薄了。

・拒絕知識與頭腦成為生命的主人，真正的生命成長才可能發生。

　不了解知識與頭腦的危險與性質，發生的將是疾病。

　事實上，疾病是一個嚴峻的提醒，提醒什麼？提醒：該開始治療了。所以這段老子真正要說的是：無為、疾病、治療，是三件重要的事。

・性靈居養之地必須廣大，縱使現實上是陋室、蝸居。

　廣指心靈世界，大指真理汪洋。現實上可以行不通，但胸襟不能窄化。

・莊子說得真好！

　做了好事而一直放在心上，這是最大的傷害。

　──賊莫大於德有心。

・沒有要求、目的、設限、期待的行動是最高效的行動。

　用無所事事的步伐走向千頭萬緒的人生。

　百無聊賴，若有滋味。

　大事小做，多事少做。

　用雲淡風輕的心懷赴難。──難著做，更難；悠著做，反易。

　用微風細雨的心情承擔。──大事大做，容易做不好；大事細做，細活緩緩幹。

後記二
問學南北道玄門

那一年，咱們在國境之南遇見老子

「高老班」就是高雄老子班。從二〇二〇年底到二〇二一年初，咱們在高雄左營一帶讀了半年《老子》。這一次聚合的因緣，有點奇特。

這個城市有一群女孩，多年以來，一直在追尋身心靈的學習，她們看了我的臉書，購買我的著作，幾年下來，在臺灣的南方，我有了一群書友。

二〇二〇年七、八月間，我要在臺北為自己很重視的《懸劍集》辦新書發表，高雄的鄭看到了，就私訊我：「老師，來高雄辦一場吧。」剛開始我只是覺得好玩，就跟鄭打屁一下，沒想她是認真的，屁著屁著，就真的辦了一場高雄新書發表會。終於，和我的南方書友照面了。順著因緣，就有了「高老班」的成立，咱們是用講座的形式跟老子對話，目前已經講到第五講：

第一講：道，是什麼東東？
第二講：德是魔鬼！還是天使？
第三講：無為江湖（上）
第四講：無為江湖（下）
第五講：天道與人間
第六講：詭辭與其他

結果，講得很好！老實說，我還是忍不住講得很深，時間關係也講得

很擠壓、很密實，不像在「北老班」一章一章的，講得自然講得從容。但她們竟然接招接得很順暢！在那麼有限的時間內，我觀察教室的「微明」，百分之八十五以上的內容都有消化了！南方書友，有點不簡單。後來班長梅告訴我，在高雄，身心靈或經書課資源相對貧乏，也許，在一個寂寞的城市，生命行者更懂得珍惜行道的旅程。

「高老班」行將結束，師生又開始討論後續課程的可能，我推薦「易經班」。老實說，多年下來，我深懂緣聚緣滅的道理，也就是在兩可之間推一下、玩一下吧。沒想到，班長梅也是玩，但玩真的！

梅跟我說，兩年前就曾經私訊我：「老師，兩年後，請你到高雄上課。」什麼！我完全記不得了。梅又說最近做了一個夢：夢中的我是一個禿頭的老人，老人幫梅拔掉雙腳上的金針（醫療用），然後對她說，可以起來走路了⋯⋯接著，她得到丈夫家人的支持後，赫然花了幾十萬裝潢、租用了一間新教室一整年，為了我的「易經課」，老實說，我沒有驚嚇，但內心深深震動！我跟梅笑說：妳會不會被一個從臺北來的老頭子騙了？嘿！也許是一場好騙！騙進了中國古文化的一場沉醉東風。

接下來就簡單了，不需要選擇了，面對一個真實的邀請，就只能全然的赴約。盡其在我的，跳進一場好「騙」，成就一個好緣！梅要我為新教室想個名字。叫什麼好呢？突然想起前兩年講到蒙卦時的一個畫面：不是養虎為患，是，養虎成　才！

　　　　　　　　　　　　　　　　　　──二〇二〇～二〇二一年

高雄初冬說老子──關於慾望、痛苦、覺知

高老班的第二講說「德」──德是生命的美好？還是人間的災難？

慾望有吞噬力，痛苦有穿透力，覺知有洞察力。

慾望的一個特性是會愈陷愈深、愈來愈嚴重、吞噬面愈來愈廣，到了一個臨界點就會發生痛苦，痛苦，這是上天給人打開的一扇門。而且通常老天爺不會只開一道門，一道之後還有一道，一道之後還有一道……（《易經》說會有七道……）

痛到深處，覺知會升起，如果你鼓起勇氣，將有機會看到更深刻的東西，走進更壯闊的領域。

常常是：企圖愈大，慾望愈強，入戲愈深，愈不避險→痛苦會愈痛→覺知就愈深！當你從一道一道門走出來後，你會是一個完全不一樣的人。

所以，慾望是真理的前行，痛苦有強大的扭轉力，覺知是災後大明！

發出愛，忘卻愛，這是清淨的愛，準確的愛，無為的愛。

發出愛，對對方好，沒忘，會在人我之間埋下一顆怨懟與壓力的種子。

一直將美好攬在手裡，美好終將腐化、死亡，只有放棄美好，拋卻美好，美好才能在大地上生根發芽。

──二〇二〇年十月三十一日

煮石初冬説老子──關於計畫、熱情、無中生有

下面是在「煮石」北老班上課，隨機、臨時「長」出來的教學內容。一樣，自然流露的熱愛，最真。

第一段：愛的假與真

私意（個人慾望）：「計畫」→由真變假、人為造作、
想完成計畫的私意愈來愈強烈。

熱情（情不自禁）：「興趣」→ 真 、自然流露、
始終沒離開自然而然的熱情與初衷。

所以，興趣與熱愛比計畫靠譜。因為，前者更接近自然與真實。

只要「計畫」出現，就要小心了，計畫一成形，人就會在上面投注愈來愈多的時間與心力，內心想要實現計畫的「私意」就會愈來愈強烈；如此一來，就慢慢剩下達成計畫的個人慾望，而離當初自然而然的愛人初衷愈來愈遠了，計畫取代了愛。計畫不是不可以有，但有了計畫之後要做一些內在工作──忘卻計畫！或者說：計畫後的無為。讓自己變成熱情，而不是計畫。而這一種自然興發、情不自禁、無機而為的熱情，孟子就稱為「不忍人之心」。

無心的愛，最真；沒計畫的拔刀相助，最坦蕩。

第二段：幾個美好的註解

明代佛門大德憨山註解老子，道地穿透！生命境界達到了一定高度，門派的界線就開始模糊了。我一直認為文字是有能量與穿透力的，大德者的文字。關於老子無的學問，且聽憨山如是說──轂中一竅，器中之虛，室中之空！

轂中一竅：馬車輪軸中間得有一個空洞，是為了

　　　　　——釋放整個車輪承受的力量！

　　　　　中心不空，就變成壓力鍋了。

　　　　認識自己的核心力量（轂）＋

　　　　　開闢核心力量的內在空無（竅）。

　　　　這是天命（有）＋無為（無）的修為。

器中之虛：認識自己的天授神器＋開闢內在的虛空世界。

室中之空：生命房子內在的一無所有。

　　　　唯無能生覺，清楚照覽出獨屬於自己的「房子」。

整理一下：無為→覺照→看見自己的天命、神器、核心力量。

　　　（無）　（終極的 <<<<<< 有 >>>>>> 人間的）

　　　（　　　　　無中生有　　　　　　）

　　　　　　　　　　　　——二○二○年十一月六日

嚴冬酷寒說老子——關於不要忘記忘記

　　經驗了一件事之後忘記忘記它是開始懲罰自己。

　　提起了一件事卻一直不放下是既沉重又低效的做事方式。

　　人與人之間所有的問題與煩惱都是源自於對他人的要求。

　　所以忘卻、放下、不要求是老子無為哲學的白話文版本與執行程序。

　　忘卻之後會內化。

　　放下的孩子是靈活與空間。

　　不要求是對己對人最聰明最乾淨的內在修為。

　　這，就是無為。

　　但要注意：無為之後呢？無為之後不是不做事喔！「忘卻、放下、不要求」只是取消、只是清空，取消與清空之後不是不做事喔！不做事是對

無為哲學層次最低的錯解。讀老子不要只讀一半，你知道那句完整的話的。是的，就是那句話，才是老子學問的全部。

——二〇二一年一月十一日

一日老子，晨夕感喟

出發到高雄前，在同學群組上發言：「兩岸不會有真正的戰爭，但臺灣格局會越來越小、籌碼越來越少、日子越來越苦、政客越來越無恥、夜，越來越長……罵人？批判時局？這是一定要的，但罵兩句是不過癮的，兩萬句可以嗎？罵完正好修修無為的功夫，船過無痕。國家無格，先挺好自己的人格吧。像春秋時代也是一個無恥的世代，但有一個孔子，又有一個老子，變得誰都不敢輕視那段歷史了。」天氣陰沉，空污嚴重，沿路南下，一片灰濛……

下午到新教室專心講課，講老子的詭辭。老子通過詭辭告訴人們：咱們居住的，正是一個複雜的人間世界。教完課，吃了謝師宴，跳了舞！（這年頭，吃個謝師宴還要表現跳舞。）半年的老子高雄班，就用下面的這一段詭辭作結……

一段詭辭的白話翻譯

這人生啊，明朗的路燈火闌珊，向前的路總會曲折，平坦的路看似崎嶇；成熟的心胸大空如谷，高潔的品格不避塵垢，寬廣的德行卻彷彿一直沒有做好；建立道德要像小偷一般偷偷摸摸，生命質地純潔而行為卻沒個準兒；真正有大原則大方向的人反而不是稜角分明，真正有大器宇大才幹的人會是很晚才成熟的；偉大的音悄然無聲，壯大的象沒有形狀……

——二〇二一年初

高老班班長的五篇回饋

老子第一講

4.5 個小時！認識老子……不可思議啊！

為啥？

「道可道，非常道；名可名，非常名。

無名，天地之始；有名，萬物之母。故常無，欲以觀其妙；常有，
欲以觀其徼。」

就這幾個字，下午上了 4.5 個小時！怪的是有人睡著嗎？

沒有！

很久沒有全神貫注的聽課了，內容太豐富，沒有空檔閃神，原本擔心
的屁股痛也沒出現，因為老師太有趣了！聽得很過癮。

期待下一堂課～～～

老師掏心上課，學生掏肺聽課。

每一堂課時間都不夠啊！

老子第二講

「上德不德，是以有德；下德不失德，是以無德。」

道德經第二堂課（一共六堂），對我來說，老子學的潛移默化不可
思議…

接觸老子學後，生活中遇到的一些情境，課文的某些章節會浮現
心中…

它讓我看見問題的角度更廣，讓我知道別人的不足只是還未經歷；可
以靜觀身邊人的生命演化了解其可貴之處，而不跟著躁動；謙卑的看見自
己過往的傲慢，承認自己不喜別人的超越；讓自己的覺察更有力，學習的

更有趣，責任放下的更徹底。

感謝鄭老師的教導，一位用生命在授課的人！結合了老、儒、佛、新時代的要義，深奧卻易解！風趣的肢體語言，讓人更融入課程精髓，太好玩了～

感謝生命的安排！

──二〇二〇年十月三十一日

老子第三講

午後的老子課程：

「載營魄抱一，能無離乎？

　專氣致柔，能如嬰兒乎？

　滌除玄覽，能無疵乎？

　愛國治民，能無知乎？」

課前實在是無法滲透其意涵，不解骨髓…

每堂課總能照映到我的學習層面。「滌除玄覽，能無疵乎？」這段話透過老師精闢的講解，讓我領悟到為何會連結到較高的自我。

多年來養成自我觀照的習性，心的雜質一層一層的覺察。鏡相在前時，如何觀照自己的起心動念，反覆的練習放下恐懼、清除執著，讓心漸漸澄明…

不知何時起，行事坐臥間每有不通之事時，心中總能有頓悟浮現，答案是如此的妙不可言，深知這是當下的自己不會想到的答案。因為它有一針見血的力道，而且深具高度，心中知道這是高度自我的解惑。老子稱為玄覽，真是妙啊！

我們總是能在不同的道路上，看見心中的美麗！

（謝謝老師！

看過坊間的翻譯，少了太多東西…生命的領悟、學識的廣與深、澎湃的熱情…

所以，你是無敵強啦！）

——二○二○年十一月二十一日

老子第四講

燒腦的一堂老子課…「生之，畜之，生而不有，為而不恃，長而不宰，是謂玄德。」這一個「玄」字，得慢慢來悟透！

這次的課程引導我深入內在，一個習以為常的狀況，需要來剖析一下…靜坐多年，從未檢視自己的定靜品質到底對不對。一是無從比較，二更也不敢昭然若揭，因為內在深層害怕被公然的視為怪力亂神，而招致批判或審視，干擾了自己的寧靜。

從三十歲因緣際會下開始靜坐，一開始頭頂會有能量灌入，常常在一段日子後再從不同的頭頂位子進入，所以我的頭頂有不同的感應區。剛開始的靜坐可能需要二十分鐘才能感受到能量，漸漸的只要幾個調息，心念進入那種狀態，能量瞬時就連上了，後來耳朵也會聽到一種低頻聲。一直到能量停止了，我才從靜心裡出來，大約三十分左右，過程一片寧靜舒適，因為專注在感受能量上，所以也無啥念頭讓我分心。有時會有畫面出現，有虛空、有奇怪的人物、有時與我對話，語意簡潔睿智。因為長年以來都如此，我也習以為常了，但我深知不要到處問，別人會覺得怪異的。靜心後身心會處在一種乾淨的頻率狀態下。生活中遇見困境，也常會有解答在心中浮現，直至昨日上老子課時，我才悟到老師說的——佛學說：「真空妙有」。

後來，日常生活中能量也時不時從頭頂灌入，我花了很多年才有辦法

大致區分祂們的身份。這幾年夢中也常有教導和處理一些身體狀況。今天認真的看看靜心狀態，雖然與書上說的不同，這就是我！這二、三年的沉潛靜養，讓我體悟到⋯無關外界，內在的陰影，只要見了光，慢慢會習慣太陽的！（當然，這些年當中有次突然進入了長達數月的黑暗靜心，不在這次的自我檢視之列。）

時時提醒著自己，佛學老師教我的，來到我面前的，是要教我什麼！朝著覺性充滿的路上前進。

我也嚮往老子說的境界：「天門開闔，能為雌乎？」

感謝生命中，看得見跟看不見的老師們！

──二〇二〇年十二月六日

老子第五講：天道人間

雖然忙著裝修教室，老子心得還是要記錄。

「道生一，一生二，二生三，三生萬物，萬物負陰而抱陽，沖氣以為和。」這一段很有趣！

在新時代的許多系統課程裡，一定會提到小我的分裂。他讓我們遠離愛，遠離心的感受，深陷在慾望、情緒的層面裡，循環著不停歇的痛苦。所以，我們學會利用很多方法，去剝落、去整合、去涵納天地日月的滋養，最終可以透過愛的管道，進入合一，回到空無的本源。而老子用了這幾段話道盡歷程，課堂中再透過鄭老師的精闢講解，就像用文字畫了一幅圖。

「你就是這麼來的！」

你從道而來，去努力的經歷一切，艱辛是必備的，死了再來也無可避免。但時間到了，學會放下，慢慢進入無為，這種找來時路的感覺，就像鮭魚逆流回鄉一樣。我們裝著雷達，循著原路回家，而且前方有很多的大

德已鋪路了，在他們的幫助下，我們摸著線索前進！ 不管東方還是西方，只要能回家，就是好方！

──二○二一年一月十日

昌明文叢・三玄四書叢刊 A9900A02

老子心註——心靈與白話註解

作　　者	鄭錠堅	
責任編輯	林以邠	
校　　對	陳相誼	

發 行 人	林慶彰
總 經 理	梁錦興
總 編 輯	張晏瑞
編 輯 所	萬卷樓圖書股份有限公司
	臺北市羅斯福路二段 41 號 6 樓之 3
	電話　(02)23216565
	傳真　(02)23218698

出　　版	昌明文化有限公司
	桃園市龜山區中原街 32 號
	電話　(02)23216565
發　　行	萬卷樓圖書股份有限公司
	臺北市羅斯福路二段 41 號 6 樓之 3
	電話　(02)23216565
	傳真　(02)23218698
	電郵　SERVICE@WANJUAN.COM.TW

ISBN 978-986-496-628-8

2023 年 10 月初版一刷

定價：新臺幣 380 元

如何購買本書：

1. 劃撥購書，請透過以下帳號
   帳號：15624015
   戶名：萬卷樓圖書股份有限公司
2. 轉帳購書，請透過以下帳戶
   合作金庫銀行　古亭分行
   戶名：萬卷樓圖書股份有限公司
   帳號：0877717092596
3. 網路購書，請透過萬卷樓網站
   網址　WWW.WANJUAN.COM.TW

大量購書，請直接聯繫，將有專人為您服務。(02)23216565 分機 610

如有缺頁、破損或裝訂錯誤，請寄回更換

國家圖書館出版品預行編目資料

老子心註：心靈與白話註解 / 鄭錠堅著. --
初版. -- 桃園市：昌明文化有限公司出版；
臺北市：萬卷樓圖書股份有限公司發行,
2023.10

　面；　公分. -- (三玄四書系列)(昌明文叢.
三玄四書叢刊；A9900A02)

ISBN 978-986-496-628-8(平裝)

1.CST: 老子　2.CST: 注釋

121.311　　　　　　　　　　　112012929